복음주의자의

불편한 양심

칼 헨리
박세혁 옮김

Ivp

Copyright ⓒ 1947 by Wm B. Eerdmans Publishing Co.
Foreword by Russell Moore ⓒ 2022 by Crossway
Originally published in English under the title
The Uneasy Conscience of Modern Fundamentalism by Carl F. H. Henry
published by Wm B. Eerdmans Publishing Co., Grand Rapids, MI, USA.

The Korean text used in this edition is translated by Sehyuck Park.
Translated and printed by permission of Wm B. Eerdmans Publishing Co.
Foreword by Russell Moore is used by permission from Crossway,
Wheaton, IL, USA.
License arranged through rMaeng2, Seoul, Republic of Korea.

This Korean translation edition ⓒ 2023 by rMAENGe
This paperback is published by IVP, Seoul, Republic of Korea
with the arrangement of rMAENGe, Seoul, Republic of Korea.
All rights reserved.

한국어 번역 ⓒ 2009, 2024 IVP
러셀 무어 서문 ⓒ 2023 알맹e
이 한국어판의 저작권 ⓒ 2023 알맹e

이 한국어판의 저작권은 저작권사와 독점 계약한 알맹e에 있으며, 이 종이책의
판면권은 한국 IVP에 있습니다. 신 저작권법에 의하여 한국 내에서 보호받는
저작물이므로 무단 전재와 무단 복제를 금합니다.

이 책은 IVP에서 종이책으로 알맹e에서 전자책으로 출간하며, 일부 포맷팅의
차이가 있을 뿐 내용은 같습니다. 알맹e의 이용허락을 받아 IVP에서 출간합니다.

※오탈자 신고, 내용 수정, 및 변경 등을 알맹e 이메일(rmaenge@rmaeng2.com)로
  전해 주시면 더 좋은 책을 만드는 데 도움이 됩니다.

THE UNEASY CONSCIENCE
of
MODERN FUNDAMENTALISM

Carl F. H. Henry

그리스도 안에서 친구이자 동료인

레너드 루이스(T. Leonard Lewis)에게

차례

추천사 9
서문 17
프롤로그 23

1. 근본주의 안에서 사라진 박애주의 29
2. 예정된 실패에 대한 반론 43
3. 사회 개혁 운동과 결별한 복음주의 61
4. 하나님 나라 선포에 대한 우려 75
5. 십자가에 달린 근본주의자라는 강도 93
6. 새로운 세계 지성을 위한 노력 105
7. 복음주의적 '항의의 형식' 119
8. 새로운 종교개혁의 여명 131

해설 141
저자 연보 156
2022년 서문 159

추천사

_박찬호(백석대 기독교학부 교수)

1947년은 미국 복음주의 역사에서 중요한 한 해일 것이다. 초교파 복음주의를 표방하는 풀러 신학교가 출범한 해이기도 하고 바로 이 풀러의 설립 교수 중 한 명인 칼 헨리의 「복음주의자의 불편한 양심」이 출간된 해이기도 하기 때문이다. 어떤 경우 이 책은 칼 바르트의 「로마서 주석」에 비견되기도 한다. 칼 바르트의 「로마서 주석」이 자유주의 신학자들이 노는 놀이터에 던져진 폭탄이었다면, 칼 헨리의 이 책은 근대 근본주의자들에게 큰 충격을 주었기에 근본주의 진영에 던져진 폭탄과도 같은 책이라고 스탠리 그렌츠(「기독교윤리학의 토대와 흐름」의 저자)는 말하고 있다.

사실 이 책이 출판될 때까지만 해도 근본주의와 복음주의는 동의어였다. 칼 헨리의 이 책을 통해서 드디어 근본주의와 복음주의는 결별의 수순을 밟게 된다. 그러므로 이 책에서 칼 헨리는 복음주의의 입장에서 근본주의자들을 비판하고 있다기보다는 자신이 속해 있는 근본주의의 문제점을 지적하고 있다. 한마디로 근본주의가 사회적 전략을 결여하고 있음을 비판하고 있는 것이다. 즉 근본주의 안에서 인간의 유익을 위하는 자비로운 배려의 정신이 증발하였음을 비판하면서 "구속의 메시지는 삶 전체에 대해 의미를 지닌다"는 어찌보면 너무나 당연한 확신을 재천명하고 있다.

오늘날 근본주의에 대한 평판은 별로 좋지 않다. 그런데 근본주의는 사실 그렇게 나쁜 것이 아니다. 주장하는 바의 내용들이 기독교 신앙의 핵심을 견지하려는 입장이기에 우리는 어떤 면에서 근본주의적인 입장을 지금도 견지해야 할는지도 모른다. 이들이 이토록 나쁜 인상을 갖게 된 것은 역설적으로, 칼 헨리가 이 책에서 쏟아낸 질책을 겸허히 받아들이지 않았기 때문일 것이다. 즉 그들의 공격적인 태도와 독선적인 자세 때문에 기왕에 자신들이 표방하고 있는 주장의 대중적인 지지 기반을 스스로 허물고 있는 것이 근본주의의 문제라면 문제일 것이다. 그런 의미에서 이 책은 기독교 윤리 분야에서뿐 아니라 미국 복음주의의 역사를 이해하는 데에도 매우 중요한 책이라고 할 수 있다.

그렇다면 이 책은 21세기 한국의 그리스도인들에게는 어떤 의미가 있을까? 이 책이 출판될 당시 미국의 근본주의자들이 가졌던 문제점을 우리나라 그리스도인들이 여전히 가지고 있다고 본다면 이 책은 지금 우리에게 부족한 것이 무엇인지를 돌아보게 하는 거울의 역할을 해줄 수 있으리라 기대한다. 다분히 근본주의적 성향을 지닌 오늘 우리 한국의 보수적인 그리스도인들에게 이 책은 비록 60년이 지났지만 여전히 적용점이 있는 책이 될 것이다.

추천사

_해럴드 오켄가 (풀러 신학교 초대 총장)

최근에 나는 "노동 위기 속에서 교회의 영향력"이라는 제목으로 설교하면서 한 그리스도인 노동운동가의 말을 인용했다. 그는 "나는 신앙에 있어서는 근본주의자이지만 정치적으로는 자유주의자가 되고 말았다. 어째서 교회는 주요한 사회적 쟁점마다 잘못된 편에 설 수밖에 없는가?"라고 말했다. 또 다른 운동가는 "그것이 근본주의 안에서 새로운 흐름"이라고 말했다.

성경을 믿는 그리스도인이 전쟁, 인종차별, 계급 격차, 노동권, 금주법, 제국주의와 같은 사회 문제와 관련해 잘못된 편에 서 있다면, 이제 담을 넘어 올바른 편에 서야 할 때가 왔다. 교회에는 대사회적 메시지를 지닌 진보적인 근본주의가 필요하다.

사도행전 15:13-18의 말씀이 하나님의 계획 전체를 보여 주며 동시에 전천년설이 옳다면, 교회는 파리협정†이나 주류 유통에 관해 설교하지 않을 테지만, 그렇다고 세상의 삶에 대해 완전히 무관심하지도 않을 것이다. 근본주의적인 고립주의와 세계교회협의회(World Council of Churches)의 협력 사이에서 오락가락하고 있다면, 그것은 우리가 윤리 문제에서 숙명론자가 되어서는 안 되기 때문이다. 그러나 현재의 근본주의는 숙명론을 고수하고 있다. 헨리 박사는 무엇이 우리를 불편하게 하는지를 정확하게 지적한다. 이 짧은 글을 통해 복음주의권 안에서 윤리 문제에 대한 무관심을 깨뜨리는 움직임들이 새롭게 일어나기를 소망한다. 성경적 신학에서 자비, 치유, 섬김의 예수, 인간에게 관심을 갖고 계신 예수를 배제하는 일은 불가능하다. 더 고차원적인 구속의 윤리는 도덕적 일관성을 무효로 만들지 않는다.

스탠리 존스(Stanley Jones)††와 개블린(A. C. Gaebelein)†††의 저술 사이에 큰 차이점이 있다는 사실만 보아도, 하나님 나라에 관해 일치된 견해가 없다는 것을 잘 알 수 있다. 나는 언제나 하나님 나라는 하나이지만 신정주의, 교회, 천년왕국처럼 다

---

† 제2차 세계대전 종전 후 서독의 주권회복에 관한 조약으로 이를 통해 소련에 대항하는 서유럽 국가의 동맹이 형성됨-역주. 이하 †표는 모두 역자 주.
†† 감리교 선교사이자 신학자. 현실을 변혁하는 하나님 나라를 강조하는 현재적 종말론을 주장했다.
††† 미국의 감리교 목회자이자 저술가로 세대주의적 종말론을 주장했다.

양한 형태가 있으며 이 모두가 하나님의 나라라고 생각해 왔다. 서로 맞닿은 원리와 목적을 지닌 하나님 나라의 다양한 형태들 사이에는 연속성과 단절이 함께 있다는 것을 깨닫지 못하는 한, 이 문제는 절대 풀 수 없는 수수께끼로 남고 말 것이다.

복음주의와 마찬가지로 세상의 문제와 사회적 필요, 개인의 양육을 아우를 수 있는 기독교의 세계관과 인생관은 마태복음 28:18-21의 말씀에서 찾아야 한다. 그러한 세계관과 인생관이 문화를 결정한다. 근본주의는 수세기에 걸쳐 이룬 기독교 문화의 성과를 모두 허비해 버리고 말았는데, 이는 심각한 죄가 아닐 수 없다. 안타깝게도 사회의 각 분야를 세속주의자들에게 넘겨주고 만 것이다.

이 책은 혼란한 세상을 바라보며 초연한 태도를 견지하는 근본주의에 대해 유익한 처방을 제공하고 있다. 헨리 박사는 이 책에서 사회적 요구에 올바르게 대응하기 위한 일치를 촉구하며 복음주의적인(근본주의적인) 에큐메니컬리즘을 요청하고 있다.

(1947년)

서문

_리처드 마우(풀러 신학교 총장)

박물관 소장품처럼 단지 교육적 가치 때문에 계속 출간하는 책들이 있다. 그런 책을 통해 우리는 지난 시대를 엿볼 수 있고, 지금 우리가 직면한 것과 전혀 다른 문제들로 씨름했던 창의적인 사상가들의 통찰을 배울 수 있다.

「복음주의자의 불편한 양심」은 박물관에 소장할 만한 가치가 있지만 단지 소장품에 불과한 책이 아니다. 물론 이 책은 1940년대 말 상황에서 나왔다. 파괴적인 세계대전이 이제 막 끝났고, 많은 미국인들은 대내외적으로 새로운 문화적 도전에 직면했다고 생각했다. 이제 곧 '신복음주의(neo-evangelicalism)'의 지도자로 알려지게 될 칼 헨리는 당시에는 서로 같은 의미로 사용했던 '근본주의자'와 '복음주의자'로 알려진 그리스도인들이 동시대의 중요한 쟁점들에 대해 적절하게 대처할 준비가 되어 있지 않은 것에 대해 깊이 우려했다. 이 책에서 저자는 기존의 복음주의가 어떻게 실패했는지를 자세히 밝혀내고 갱신을 요청하고 있다. 칼 헨리가 제기한 비판과 갱신 요청은 분명 지금과는 상당히 다른 문화적 상황을 겨냥했지만, 이 책은 복음의 대의에 깊은 관심이 있는 우리 모두에게 교훈이 되고 영감을 주는 내용들을 많이 담고 있다.

물론 이 책을 아끼는 또 다른 이유는 내가 몸담고 있는 학교에 대한 자부심 때문이기도 하다. 이 책은 풀러 신학교(Fuller Theological Seminary)가 설립된 1947년에 나왔는데, 저자 칼 헨리는 풀러 신학교 설립 때부터 봉직한 교수였다. 초대 총장인 해럴드 존 오켄가(Harold John Ockenga)가 이 책에 짧은 추천사를 부치기도 했다. 헨리와 오켄가는 이 책이 이제 막 새롭게 세워진 학교의 신학적 의제를 설정한다고 보았다. 풀러 신학교를 탄생시킨 정신에 대해 설명해 달라는 부탁을 받을 때마다 나는 이 책을 언급한다. 이 책은 풀러 신학교 설립 정신에서 중요한 요소들을 모두 담고 있다. 그것은 곧 드넓은 지성 세계에서 제기되는 중요한 쟁점들과 진지하게 씨름하겠다는 새로운 복음주의적 학풍에 대한 깊은 헌신, 분리주의적인 정서로 인한 장벽들을 뛰어넘을 수 있는 열린 복음주의에 대한 소망, 복잡다단한 창조 세계에 문화적으로 참여하겠다는 열망 등이다.

하지만 내가 이 책을 아끼게 된 것은 풀러 신학교에 몸담기 훨씬 전부터다. 1950년대 말, 대학생 때 처음 접한 이후로 이 책은 나의 사고에 심대한 영향을 끼쳤다. 대학원 진학 후 나는 이전에 생각한 그 무엇보다 훨씬 더 복잡한 지적 문제와 씨름하게 되었다. 그리고 '급진적인 60년대'가 대학 생활에 침투해 들어오기 시작한 바로 그 당시 나 역시 이런 새로운 도전에 직면했다. 그 동안 내가 받은 영적인 양육으로는 이런 모든 도전에 제대로 맞설 수 없다는 생각이 들었다. 당시 경험한 새로운 세계에서는 복음주의적 신념이 부적절하다고 여겨져 아예 포기해 버릴까 하는 생각에 갈등하기도 했다. 그러나 칼 헨리가 이 작은 책에서 펼친 주장은 나에게 지속적인 영향을 끼쳤다. 그렇다. 지난 반세기 동안 복음주의는 지적, 문화적 차원에서 책무를 다하지 못했다. 그러나 희망은 있다! 지적, 문화적 차원에서 능동적으로 세상에 참여하는 복음주의를 만들어 가는 일이 가능할 뿐 아니라, 현재의 사상들이 인간 영혼의 가장 근원적인 물음에 만족스러운 대답을 주지 못하고 있는 상황에서 오직 성경의 권위에 견고하게 뿌리내린 세계관이 절실히 필요하기 때문이다.

복음주의의 격려가 절실하게 필요했던 그 당시, 이 책은 내게 매우 구체적인 격려가 되어 주었다. 복음주의의 '불편한 양심'을 여러 차원에서 분석하면서 오켄가와 헨리는 이후 시대의 핵심적인 정치 사회 문제를 이미 1940년대에 짚어 냈다.

이들은 복음주의가 어떻게 실패했는지 구체적인 사례를 지적하면서 동료 복음주의자들이 전쟁, 인종차별, 계급 격차, '제국주의' 등과 같은 문제에서 잘못된 편에 서 있다고 비판했다. 1960년대의 문화적 갈등 한복판에서 길을 잃고 헤매고 있던 나는, 이 두 사람이 내가 이런 문제들에 관심을 가지기 시작한 때보다 10년 이상을 앞서 이런 문제들을 구체적으로 지적했다는 사실이 중요하다고 생각했다.

그러나 그것만으로 이 책이 박물관 소장품 이상의 가치를 지닌다고는 볼 수 없다. 그렇다면 어떤 점에서 이 책의 주장이 오늘 우리에게도 유효하다고 할 수 있을까? 겉으로 보면 폭넓은 문화 참여의 필요성에 근거를 둔 복음주의적 행동과 실천에 대한 칼 헨리의 주장은 더 이상 불필요해진 것처럼 보일지 모른다. 이 책이 출간된 후 약 30년이 지난 1970년대에 한 주요 시사지는 표지기사를 통해 미국에 '복음주의 시대'가 도래했다는 소식을 크게 보도했다. 그리고 오늘날에도 사회참여 활동에 적극적인 복음주의 개념을 당연하게 받아들이고 있다. 아이러니하게도 한때 복음주의자들이 공적인 삶에 참여하지 않는다고 비판하던 자유주의 개신교인들은, 이제는 복음주의 운동이 예전의 내세지향적 형태로 회귀하기를 기도하고 있을지 모른다.

그러나 사실 성경을 믿는 그리스도인들은 여전히 어느

정도 불편한 양심 때문에 괴로워하고 있다. 칼 헨리가 1940년대에 사회적인 행동을 요청한 것은 단순히 행동주의가 필요하다는 말이 아니었다.

이는 복음주의 문화 운동에 참여하자는 초대장이었다. 이 운동은 체계적인 헌신으로 정신적 삶을 충만하게 일궈주는 사회적 프로그램의 뒷받침이 있어야만 지속할 수 있는 심오한 신학적 성찰에 깊이 뿌리를 내리고 있었다. 그리고 최근 몇십 년 동안 복음주의 학계가 학문적으로는 큰 성공을 거두고 있기는 하지만, 아직도 많은 경우 풀뿌리 차원의 복음주의적 행동주의와 정교하고 치밀한 논리로 무장한 신학적 정통주의 사이에는 상당한 괴리가 존재한다.

또한 충실한 성경적 정통주의가 필요하다는 그의 지적은 여전히 우리에게 시사하는 바가 크다. 최근 복음주의가 풀뿌리 차원의 사역과 학문적 공헌 양자에서 성공을 거둔 것은 분명 기뻐할 만한 일이지만, 복음주의 사상과 다양한 '포스트모던' 문화 현상 사이에서 너무 쉽게 타협해 버릴 뿐만 아니라 복음의 선포를 희석하는 경향이 현재 복음주의권의 모든 영역에서 나타나고 있는 점에 대해서는 우려하지 않을 수 없다. 1940년대 당시 성경적 진리에서 벗어난 그릇된 행태에 대한 칼 헨리의 처방은 오늘날 우리에게도 여전히 유효하다. 인간의 사회적 행위의 다양한 양상에 대한 그리스도인의 문화 참여는 칼 헨리가 '초자연주의적 틀(supernaturalistic framework)'이라고 부른 틀 안에서 분석해야 한다. 인간의 근본 조건은 1940년대와 전혀 다르지 않다. 칼 헨리가 이 책에서 분명히 주장하는 것처럼, 우리는 살아 계신 하나님에 대해 반역했으며 중생이 절실한 존재이고, 이는 그리스도가 갈보리에서 성취하신 사역을 통해 하나님의 은총으로 우리에게 주어진다. 이 근본 진리가 담고 있는 의미를 이해하려고 노력할 때, 비로소 우리 자신의 불편한 양심이 모든 피조물을 주권적 권능으로 다스리시는 그분을 섬기려는 열정으로 변화될 것이란 소망을 품을 수 있다.

(2003년)

프롤로그

복음주의자인 친구들 중에는 지금으로서는 근본주의에 대한 '수술'을 하지 말아야 한다는 이들이 있다. 종교계의 첨예한 갈등이 누그러질 때까지 기다리는 것이 현명하다는 생각에서다.

나는 몇 가지 이유 때문에 그 견해에 동의하지 않는다.

사도적 열정을 회복하지 않는 한, 두 세대가 지난 후 근본주의는 그저 묵인되는 컬트(cult)로 전락하거나 미국 내 로마 가톨릭처럼 또다시 무시당하고 억압당하는 종파가 될 수밖에 없다는 사실이 두렵다. 이러한 두려움은 지나친 경계심 때문이 아니라 냉철한 현실론 때문이다. 근본주의를 되살리기 위한 유일한 대안은 계시의 능력이 있는 고전 저술들과 하나님의 구속의 능력을 재발견하는 데 있다고 생각한다. 이를 통해서 지리멸렬한 우리 문화를 다시 한 번 인간의 삶에 의미를 부여하는 문화로 바꾸어 놓을 수 있다. 르네상스 인문주의를 태동하게 한 것은 바로 고전적인 고대 철학의 재발견이었다. 하지만 그것은 서양 문화에 파괴적인 영향을 끼치고 말았다. 이제 우리가 이 기회를 제대로 포착하기만 한다면, 성경과 인류를 향한 성육신의 의미를 재발견할 수 있는 때가 무르익은 것이다.

그뿐만 아니라 근본주의는 어떤 식으로든 항상 수술 대상이었다. 일부 기독교 학교들은 말할 것도 없고 큰 종합대학교나 세속적인 대학을 돌아다녀 보면 우리의 입장이 끊임없이 공격당하고 있다는 것을 금세 알아차릴 수 있다. 대학생들을 섬기는 수많은 성직자들은 인간의 도덕의식에 파괴적 영향을 끼친다는 이유로 대속적 속죄론을 거부한다. (인간의 비뚤어진 종교 감정을 주장하는 우리로서는 인간의 도덕의식이 무오하다는 생각을 결코 받아들일 수 없다. 이런 생각 때문에 인간의 타고난 본성이 선하다고 확신하는 이들은 구속에 이르는 길에서 이탈하고 만다. 현대인은 바로 하나님의 구속 계획에 대해 분노하게 만드는 이 윤리 의식에서 구원받아야 한다.) 그러나 여기서 내가 가장 걱정하는 바는, 이런 식으로 우리 신앙의 중심 교리가 공격을 받고 있다는 점이 아니다. 먼 훗날 우리가 신앙을 완전히 버리는 때가 오지 않는 한, 계시적 관점과 비계시적 관점은 언제나 날카롭게 대립할 것이다. 그보다 더 염려하는 것은, 일부에서 복음주의의 부수적인, 때로는 심지어 모호한 측면을 마치 본질적인 것처럼 내세우는 경향과 그로 인해 비판과 조롱을 자초한 사실이다. 이 점에서 우리는 히브리-기독교적 전망의 정수(精髓)를 무기로 현대의 경쟁 사상과 맞서는 데에 실패했다. 르네상스의 이상이 붕괴한 이후, 우리는 복음주의자로서 우리를 초자연주의적 세계관과 인생관으로 묶어 줄 수 있는 근본 교리와, 성경적 기독교의 본질에 여전히 충실하면서도 의견을 달리할 수 있는 견해들을 분명히 구별해야 한다.

그러나 여기서 더 나아가, 나는 우리가 사회적으로 가장 시급히 해결해야 할 문제들에 대해 우리 입장의 본질을 건설적으로 적용하지 못한 점을 우려하고 있다. 우리가 이런 작업을 하지 않는다면 세상으로 하여금 복음에 귀를 기울이게 할 수 없을 것이다. 한두 세대에 걸쳐 곳곳에서 위험을 피하며 활기차게 선교의 능력을 지속할 수는 있을 것이다. 그러나 세상을 구속하는 기독교의 복음을 세상 문제에 대한 분명한 해답으로 제시하려면, 그 해답이 어떤 것인지 설명하는 일에 박차를 가해야 한다. 이와 관련해 얼 피어스(Earle V. Pierce) 박사의 「교회와 세상의 조건(The Church and World Conditions)」 같은 건설적인 노력이 있어 왔다는 점을 무시하는 것은 아니다. 그러나 복음주의가 하나의 운동으로서 당면한 곤경에 진지하게 맞서지 못했다는 생각을 지울 수가 없다.

그뿐 아니라 나는 초자연주의적 관점에 전혀 공감하지

못하는 사람들 중 일부는 이 책의 주장을 곡해하거나 오해할지도 모른다는 점을 충분히 인식하고 있다. 하지만 그렇다고 해서 망설일 필요는 없다고 생각한다. 올바른 독해력으로 읽는 사람이라면 내가 여기서 말하는 '불편한 양심'이, 우리의 문제를 해결할 수 있는 유일한 관점이라고 믿고 있는 위대한 성경의 진리에 대한 의심이 아니라 현대 지성에 맞서 중요한 문제들을 해결하는 데 이러한 진리를 효과적으로 적용하지 못한 경우가 많았다는 사실에 대한 자성을 말하는 것임을 분명히 알 수 있을 것이다. 이것은 신앙의 근본 진리에 대해 반역하자는 의미가 아니라 그것을 적용해 보자는 말이다.

불편함이 널리 공감을 얻고 있다고 말하는 것은 낙관론에 불과할지 모른다는 점에 대해서도 인정한다. 많은 성경 학교(Bible institutes)나 복음주의 대학, 심지어 신학교에서도 우리가 새로운 요구에 직면했다는 사실조차 인식하지 못하고 있는 듯하다. 나는 이 책을 읽기 시작할 때에는 불편해 하지 않았던 이들도 이 책을 덮을 때에는 불편한 양심에 대해 관심이 생기기를 소망한다.

마지막으로 한마디만 덧붙이고자 한다. 두말할 나위 없이, 해답을 만들어 가기 위해서는 그보다 훨씬 더 많은 건설적인 진단이 필요하다. 때때로 나는 교의를 구축하기보다는 일치된 노력을 불러일으킬 수 있는 최소한의 진술이면 족하다는 생각을 한다. 동료 복음주의자들에게 강연을 할 때마다 나는 그들이 내 서툰 말 한 마디마다 비방의 말로 받아들이지 않기를 바라면서 우리가 이곳에서 순례자인 동시에 대사(大使)이기도 하다는 사실을 분명히 인식하자고 권유한다.

나는 고든 신학선교대학(Gordon College of Theology and Missions)†의 강연을 통해 이 책의 내용을 다소 간략한 형태로 소개한 바 있다.

---

† 고든 콘웰 신학교(Gordon Conwell Theological Seminary)의 전신으로서 콘웰 신학교와 합병하여 고든 콘웰 신학교가 되었다.

1장

근본주의 안에서 사라진 박애주의[1]

---

1) 이 책에서는 '박애주의'란 말을 인류에 대한 자비로운 관심이라는 의미로 사용하고 있다―저자 주. 이하 번호 각주는 모두 저자 주.

오늘날 보수 기독교 안에는 종교적 근대주의가 처한 곤란한 상황을 절호의 기회로 보는 경향이 있다.

근대주의가 처한 곤경은 실로 심각하다. 세계는 영원히 진보할 것이며 인간은 본질적으로 선하다는 얄팍한 주장이 거짓임이 명백히 드러났다. 낙관적 자유주의가 오류라는 것은 성경을 제대로 해석해도 알 수 있을 뿐만 아니라 1914년에서 1946년 사이 전세계적으로 벌어진 사건을 통해서도 입증되었다.

그러나 지금의 근본주의 역시 아무런 잘못이 없지는 않다. 세계적 위기로 인해 근본주의 역시 난처한 상황에 있기 때문이다. 다른 이들의 곤란한 처지를 부각시킨다고 해서 복음주의의 불편한 심기가 해소되지는 않는다. 설령 그렇다 하더라도, 그런 방식으로는 날카로운 현대 지성의 비판을 피하지 못한다.

현재 복음주의가 처한 곤경은 두 가지 관점, 즉 복음주의자가 아닌 이들과 복음주의자 당사자의 관점에서 설명할 수 있다. 어느 방향에서 접근하든 문제가 심각하다는 사실은 자명하다.

복음주의자가 아닌 이들은 근본주의 개신교에 세상의 악을 실제적으로 해결할 사회적 프로그램이 전혀 없다고 비판한다. 물론 기독교의 초자연주의에 대해서도 공격한다. 종교적 자유주의, 윤리적 관념론, 종교적 인본주의 그리고 비관주의의 대표적 지지자들은, 정통 히브리-기독교적 관점과 그들의 철학적 전제를 분명히 구분하는 여러 가지 가정을 공유한다. 불신자들은 초자연주의적 형이상학을 전혀 다루지 않는다. 그들은 현재의 정통 신앙을 전통적인 반계몽주의의 희미한 자취로 치부하기는 하지만, 이론적으로는 복음주의자들 역시 자신이 원하는 교리적 틀을 고수할 철학적 권리가 있다는 사실을 인정한다. 그러나 새로운 세계 질서로 어려움에 처한 자연주의자들과 관념론자들이 제대로 알아차리지 못한 사실은, 근본주의 개신교가 사회에 대한 관심을 잃어버리고 말았다는 점이다. 그런 점에서 근본주의는 고통 받는 인류를 모른 척하고 지나가 버리는 오늘날의 레위인 제사장이라 할 수 있다.

파괴적인 전쟁, 인종 간의 혐오와 편견, 금주법을 비웃는 주류 유통, 노동자 착취와 같이 모두가 인정하는 사회악에 초점을 맞춰 보면 현재의 상황을 더 분명히 이해하게 된다.

복음주의 기독교 진영의 대다수는 이런 악을 해결하기 위한 사회 개혁 운동에 적극적으로 협력하지 않고 있다. 오히려 이런 사회적 병폐를 고치려는 노력 자체를 거부하는 근본주의 교회들이 점점 더 많아지고 있다. 예를 들어, 근본주의 진영에서는 세계교회협의회(World Council of Churches)와 미국 연방기독교교회협의회(Federal Council of Churches of Christ in America)[†]를 의도적으로 기피하거나 신랄하게 비판한다.

그러나 그런 비판과 동시에 근본주의 고유의 초자연적 틀에서 사회악을 해결하기 위해 적극적으로 노력한다면, 복음주의자가 아닌 이들도 복음주의권이 세속적인 사회 개혁 운동에 거부감을 갖는 이유를 훨씬 더 잘 이해하게 될 것이다. 그러나 사회악에 대한 근본주의권의 저항에는 실제 행동보다는 말잔치뿐인 경우가 많다. 물론 일각에서는 미국 복음주의자협회(National Association of Evangelicals)나 미국 교회협의회(American Council of Churches)와 같은 기관을 통해 공동의 노력을 기울이기도 한다. 남침례교회는 미국 연방기독교교회협의회를 거부하면서도 사회 개혁을 위해 좋은 활동을 보이기도 한

[†] 미국 기독교교회협의회(National Council of Churches of Christ in the USA)의 전신.

다. 그러나 복음주의권의 사회 참여는 간헐적이며 그나마 응급처방 수준에 그치는 경우가 많았다.

그보다 훨씬 더 암울한 모습도 있다. 전세계가 파괴적인 전쟁(1, 2차 세계대전—편집자)을 겪은 지난 30년 동안 대다수 근본주의 목회자들은 사회악에 대해 점차 목소리를 내지 않게 되었다. 이제 보수적인 목사들이 설교 중에 사회문제를 자세하게 언급하는 경우는 드물다.

나는 대표적 복음주의 목회자 백 명 이상에게 다음과 같은 질문을 던졌다. "여러분 중에서 지난 6개월 동안 파괴적인 전쟁, 인종 간의 혐오와 편견, 금주법을 비웃는 주류 유통, 노동자 착취 등 사회악을 비판하는 설교를 하신 분이 몇 분이나 됩니까? 그저 지나가면서 예화로 언급한 것이 아니라 직접적으로 지적하면서 그에 대한 기독교적 해법에 대해 설교하신 분이 몇 분이나 됩니까?" 단 한 명도 손을 들지 않았다. 그런데 이런 상황은 특정 교파의 근본주의자들에 국한되지 않는다. 대부분 근본주의 설교에서는 이처럼 사회악의 문제를 정면으로 다루기를 꺼리는 경향이 지배적이다.

물론 근본주의자들 중에서도 세상에 대한 예민한 관심을 잃지 않는 사람들이 있다. 장 칼뱅의 종교개혁 유산을 계승한다고 자처하는 이들이 대표적 예다. 교리에 대한 그들의 열정은 사회 윤리 문제에 대한 관심을 가로막는 것이 아니라, 오히려 그것을 강력하게 요청하고 있다. 이들은 초자연주의 사상을 고수하면서도, 근본주의가 본질적으로 세상의 악에 무관심하다는 널리 퍼진 생각 때문에 오히려 근본주의 진영과 거리를 두려는 태도를 보이기도 한다. 근본주의의 문제점은 사회에 대한 무책임에만 그치지 않는다. 정당하든 아니든 현대인들은 편견 때문에 근본주의를 에큐메니컬 정신에 반대하는 고립주의나 신학적 공식을 무비판적으로 고수하는 태도[2], 지나치게 감정적인 형태의 부흥운동 등과 동일시하는 경우가 많다. 그래서 위대한 교회 음악 대신에 대중적인 춤곡을 사용하는 경향도 있다. 어떤 교회들은 거의 영적인 주크박스가 되고 말았다.

사회 윤리에 민감한 근본주의 내의 소수파들은 그러한 경향이 위대한 복음주의 전통의 본질을 반영하지 않는다는 점을 인정한다. 특히 정통 개혁주의를 옹호하는 이들은, '근본주의'라는 명칭을 처음에는 윤리 문제에 대한 무책임이 아니라 교리에 대한 엄격함을 뜻하는 말로 사용한 것을 알고 있다. 근본주의는 초자연주의를 성경적 관점의 일부로 보는, 성경을 신봉하는 기독교였다. 근본주의는 자유주의처럼 기적을

---

[2] 많은 신문에서 (일부다처제의 몰몬교도와 같이) 복음주의자들이 연관 관계를 절대로 인정하지 않을 이단적 종파도 근본주의라고 부르고 있는데, 이는 정확하지 않은 용례다.

우연적이고 잉여적인 첨가물로 간주하지 않는다. 현대의 정통주의는 역사적 복음주의의 근본 교리를 주장한 데서 그런 이름을 얻었지, 급박한 전세계의 문제에 대해 점차 침묵했기 때문에 그런 명칭을 얻은 것이 아니다. 문제가 아무리 어렵다 하더라도 기독교는 세상의 위기에 대해 적절한 메시지가 있다고 끈질기게 주장한 그레셤 메이첸(J. Gresham Machen)과 같은 현대 근본주의의 옹호자들은 이 점을 명확히 이해했다.

그러나 일반적으로 근본주의자들은 자신의 종교적 메시지가 담고 있는 사회적 함의에 대해 너무나 무관심하기 때문에, 복음주의자가 아닌 이들은 근본주의가 세상의 상황에 대해 비관적인 태도를 지녔다고 생각하는 경우가 많다.

이것은 철학적으로 너무나 어울리지 않는 조합이다. 역사적으로 볼 때 근대 인본주의와 관념론의 배경이 되었으며, 어떤 의미에서 이를 뒷받침했던 기독교의 초자연주의가 이제는 인간의 행복을 위해 노력하는 태도를 잃어버렸다고 비판받고 있다는 사실은 놀랍기만 하다.

그러나 적지 않은 근대주의자와 윤리적 관념론자, 인본주의자들은, 근본주의와 비관주의의 공통점이 둘 다 인본주의 혹은 박애주의를 상실해 버린 관점이라는 데 있다고 판단한다.

그렇다고 근본주의가 죄에 대해 결사적으로 맞서지 않았

다는 말은 아니다. 한 세대 동안 두 차례의 세계대전을 치르면서 인간의 본성이 적나라하게 드러났음을 감안할 때, 현재의 모든 관점 중에서 인간의 상태를 가장 현실적으로 평가한 것은 다름 아닌 근본주의다. 인간이 죄인이라는 것과 뿌리 깊은 죄의 문제, 그리고 오직 하나님만이 인간을 재앙에서 구원하실 수 있다는 사실을 꾸준하게 주장하는 곳은 복음주의 교회뿐이다. 그러나 근본주의에서는 거의 전적으로 개인의 죄에 대해서만 책망할 뿐 사회악에 대해서는 관심을 기울이지 않았다.

보수적인 교회의 윤리 강령을 "독한 술과 영화, 춤, 도박, 음주, 흡연에 대한 절제"와 같은 상투적인 문구로 요약할 수 있다는 말은 공정하지 못하다. 그러나 수많은 근본주의 교회에서는 그런 문제를 윤리의 핵심으로 삼는다. 최근 한 기독교 대학에서 채플의 설교자는 세상의 많은 나라들이 무기 경쟁을 하며 전쟁을 벌이고 있는데도 그 대학 신문에서는 '도박'을 하는 것이 옳은가 하는 문제에만 지나치게 많은 지면을 할애하고 있다며 놀라움을 표했다.

하지만 근본주의 교회들이 개인의 죄 문제를 다룰 때 동시대 사회의 주요 문제들까지 간접적으로 다루게 된다는 점을 간과해서는 안 된다. 술에 대한 비판은, 비록 주류 유통이라는 위협 자체를 해결할 수 없으며 단지 그리스도인이 술을

피하도록 가르치는 데에 초점을 맞추고 있기는 하지만, 분명 국지적인 차원에서 주류 유통을 공격한다고 볼 수 있다. 때로는 극장에 대한 근본주의 진영의 반대가 너무나도 확고부동해서 카메라도 하나님의 영광을 위해 써야 한다는 것을 잊어버릴 때도 있기는 하지만, 그럼에도 불구하고 이를 통해 할리우드 영화 제작자들이 끊임없이 받들고 숭배하는 세속적이며 종종 이교적이기까지 한 가치 기준에 대한 단호한 항의 표시가 되기도 한다. 사실 그런 점에서 '가장 좋은 영화와 괜찮은 영화, 추천하지 않는 영화'를 선정하는 종교적 근대주의자보다 오히려 근본주의자가 대중매체라는 선전 수단이 기독교 신앙에 끼칠 위험에 더 민감하다고 말할 수 있다. 그러나 근본주의자는 심판이 임박했다는 태도만 취하면서 마치 영화가 그 자체로 악이라는 듯 교인들에게 모든 영화를 거부하도록 가르치기 때문에 현재의 상황 자체를 바꾸기 위해 직접적으로 노력하지는 않는다.

그뿐만 아니라 근본주의 진영에서 개인 윤리 문제는 미국 내에서도 각 지역별로 그 기준이 달라지기 때문에 더 복잡해진다. 예를 들면, 복음주의자들 사이에서도 북부 지역은 흡연을 죄로 여기는 반면, 담배를 재배하는 남부 지역에서는 거의 죄라고 여기지 않는다.[3] 북부의 침례교 목사는 아내와 함께 남녀가 같이 이용하는 일반 수영장에 갈 수 있지만, 남부의 대다수 교회에서는 제직회가 그런 목사를 소환할 것이다.

이런 사례를 드는 목적은 개인 윤리를 느슨하게 하자고 주장하려는 것이 아닙니다. 이런 개인적인 쟁점들은 그 자체로서 환경에 따라 달라지는 경우가 많기 때문에 근본주의 목회자가 윤리에 대한 설교를 할 때 점점 더 당혹감을 느끼게 된다는 사실을 강조하는 것뿐입니다.

이보다 훨씬 더 심각한 문제는, 복음주의권에서 실제 삶에 대한 근본주의의 도덕 기준을 거부하는 경우가 점점 더 많아지고 있다는 점입니다. 이것은 전통적인 삶의 방식에서 점점 멀어지고 있다는 말이 아닙니다. 복음주의자가 아닌 이들이 파악한 대로, 개인적인 행위 규범뿐만 아니라 사회적인 행위 규범마저 삶과 의무에 대한 복음주의 기준에서 점차 멀어지는 현상은, 근본주의가 전지구적 딜레마라고 할 만한 아주 중요한 문제들을 외면했기 때문에 일어난 필연적 결과일 뿐입니다. 물론 그리스도인이 아닌 관념론자와 자연주의자들은 삶에 대한 평가 기준에서 자신들의 관점이 근본주의의 기준과 다를

---

3) 물론 남침례교총회(Southern Baptist Convention)에서는 1937년에 "그리스도인들 사이에서, 특히 설교자와 교회 지도자와 교단 직원들 사이에서 흡연이 만연하고 있는 것은 흡연하는 이들의 건강에 해로울 뿐만 아니라 복음을 보존하고 전파하는 책임을 맡은 이들의 메시지를 약화시키고 그들의 영향력을 저하시키기 때문에 그리스도의 대의에도 해를 입힌다"고 주장한 바 있다.

수 밖에 없다는 점을 알고 있다. 그러나 그들은 엄격한 개인적 금지 사항에 대한 근본주의자의 반항이 증가하고 있는 까닭이, 반기독교적 도덕 이론이 널리 유포되었기 때문만이 아니라 복음주의 윤리가 가진 고유한 전략 자체 때문이기도 하다고 판단한다. 과연 우리가 사회 정의와 국제 질서에 관련한 문제에 대해서는 계속 무관심한 채 전적으로 개인 윤리만을 발전시킬 수 있는가 하는 의문은 여전히 남는다.

근본주의 교회의 전형적인 윤리 주장에 대해 이야기하면서, 세속적 관점과 대조적으로 근본주의 진영에서는 이혼에 대해 엄격한 태도를 고수하고 있다는 점을 언급하지 않을 수 없다. 이런저런 예외가 있겠지만, 오늘날 여전히 근본주의 진영만큼 죽음이나 간통의 경우에만 결혼 관계를 끊을 수 있다고 절대적으로 확신하는 곳은 없다. 이런 관점이 가족의 결속에 기여하고 청소년 탈선을 예방하는 데 중요한 역할을 담당했다는 점은 사회적으로도 적지 않은 의미가 있다. 어떤 점에서 미국 사회의 가정 해체 문제를 치유하려는 사회 개혁 운동가들의 노력조차, 하나님은 일부일처제 가정만을 인정하신다는 근본주의의 주장만큼 문제의 핵심을 직접적으로 건드리지는 못하고 있다.

그러나 이와 관련해 미국 문화가 생명력 넘치는 기독교에서 이탈함으로 인해 수많은 가정에서 가정 문제나 청소년 탈선 문제를 제대로 다루지 못하고 있으며, 이 문제를 치유할 때 복음 선포에 더 유리한 환경이 조성될 것이라는 사실도 인정해야만 한다. 바로 이 때문에 초자연주의적 사상에 반대하는 이들조차 개혁 운동을 위해 복음주의권과 기꺼이 협력한 것이다.

사회악을 해결하기 위한 다양한 노력들에 대해 복음주의권이 우호적으로 대하지 못했기 때문에, 결국 복음주의자가 아닌 이들은 근본주의 본질 자체에 세상에 대한 윤리적 관점을 수립하지 못하게 하는 어떤 요소가 있는 게 아닌가 하는 의혹을 품게 되었다. 근본주의는 인간의 본성을 너무나도 비관적으로 바라보기 때문에 사회적 프로그램을 이끌어갈 수 없다는 확신이 널리 퍼지고 말았다.

복음주의적 초자연주의 자체에 사회 개혁을 추진하지 못하게 하는 사상적 오류가 내재한다고 주장하는 이러한 근대의 사고방식은 현대 사상에서 가장 불편한 구분선이라 할 수 있다. 전지구적 질서와 형제애를 실현할 세계정신을 추구하는 현대 사상은 세상을 위한 프로그램이 없다고 의심되면 그것이 무엇이든 아무런 관심을 기울이지 않는다. 현대 사상이 근본주의를 거부하는 까닭은 바로 위대한 기독교 전통의 한 흐름인 근본주의가 박애주의를 상실했다고 보기 때문이다.

2장

예정된
실패에
대한
반론

근본주의자들로서는 근본주의 성경적 인간관이 사회적 무능함을 담고 있다는 주장만큼 잘못된 주장은 없다고 본다.

신약 성경의 교리는 세상의 상황에 적극적으로 참여하는 복음의 메시지를 결코 배제한 적이 없다.

실제로 보수 개신교에서는 인간이 죄인이며 중생이 필요하다는 것을 인식할 때에만 세상의 문제에 대해 근거 있는 낙관론이 가능하다고 주장한다. 다른 모든 인간관은 "거품처럼 금세 그 효과가 사라져 버리는" 미봉책을 제시할 뿐이다.

그러나 복음주의는 불안하다. 복음주의 기독교가 계시와 구속에 대한 정통적 입장을 고수함에도 복음이 사회에 미치는 영향에 대해 분명히 발언하지 못하게 되었음을 깨닫는 근본주의자들이 점점 더 많아지고 있다. 교리적인 한계는 정해져 있고 세상 문제에 대한 해답은 그 안에서 찾아야 함을 인정하면서도, 세상의 상황에 대한 교회의 태도를 재검토해야 한다고 확신하는 이들이 늘고 있다. 현대의 지성이 전지구적 딜레마와 씨름하고 있는 반면, 전통적인 기독교의 메시지는 서양 문화의 병폐를 해소할 대안으로 전혀 인정받지 못하고 있다는 사실에 복음주의의 양심은 당혹스러워하고 있다. 근본주의자들은 어째서 세상을 변화시킬 수 있는 메시지가 고립된 한 개인을 변화시키는 데 그치고 마는 것으로 축소되었는지 의아해하고 있다.

복음주의가 처한 곤경은 단순하지 않다.

첫째, 복음주의 기독교는 복음주의 밖에서 사회 개선을 위해 적극적으로 노력하는 이들을 대중의 이념적 충성을 놓고 싸우는, 복음주의의 경쟁자로 취급한다. 그런 운동들은 복음주의에 반대하고 대항하는 교리를 주장한다. 윤리실천운동과 세계형제애운동, 국제연합의 산하기구, 반전운동 기관과 같은 단체들은 죄인인 인간 개개인이 거듭날 필요가 있다는 것을 구체적으로 주장하지 않은 채 그들이 세운 목적만 달성하고자 하는 한, 역사적 기독교 전통에 대적하는 것으로 매도당할 뿐이다.

근본주의자는 이런 적대 관계를 애써 축소하지 않는다. 그가 보기에 이것은 성경적 관점 전체가 걸려 있는 중요한 문제다. 정통적인 관점에서 볼 때, 복음주의적이지 않은 운동은 아무리 그 목표가 바람직한 것이라도 그것을 추종하는 이들에게 잘못된 수단에 의존하도록 부추긴다. 근본주의자는 그런 목표를 성취하는 데 다양한 수단이 존재하지만 자신의 수단이 좀 더 나을 뿐이라고 생각하지 않는다. 그런 생각이라면 적대감은 별로 심각하지 않을 것이다.[1] 오히려 복음주의자는 복음주의자가 아닌 이들이 잘못된 이념의 틀 안에서 활동하기 때문에 가능성을 현실화할 수 없다고 확신한다. 그는 복음주의자가 아닌 이들이 피상적인 현실관을 가졌기 때문에 인간 본성에 대해 순진하고도 잘못된 확신을 조장한다고 본다. 복음주의자는 오히려 자유주의자와 인본주의자, 윤리적 관념론자들이 세상의 문제가 얼마나 심각한지를 제대로 깨닫지 못하고 있으며 세상의 오류를 바로 잡는 인간의 능력에 대해 지나치게 낙관하고 있다고 확신한다.

근본주의자에게는 인간이 죄인이라는 것 그리고 하나님의 능력이 응답하는 죄인을 회복시키신다는 인간론과 구원론만이 세계를 개선할 수 있는 올바른 방법이다. 다른 방법은 불필요한 헛수고일 뿐이며, 오히려 역사적 구속의 복음만이 적합한 해결책이라는 진리를 공격한다. 이러한 입장에서 볼 때, 성경적 관점을 무시하면서 세계를 바꾸어 보려는 열정에

---

[1] 사실 복음주의자가 아닌 이들도 근본주의가 여러 가능한 수단 중의 하나에도 들지 못한다고 생각한다. 복음주의자가 아닌 이들 사이에서도 무엇이 최선의 수단인지에 관해서는 의견이 분분하다. 그러나 근본주의는 답이 아니라고 확신한다는 점에서는 의견의 일치를 보고 있다.

찬 현대의 개혁자들은 "먼저 그의 나라와 그의 의를 구하라. 그리하면 이 모든 것을 너희에게 더하시리라"라고 하신 예수의 말씀을 무시하고 있다. 복음주의자가 아닌 이들은 "그의 나라"와 "이 모든 것"을 동일시하는 경향이 있는데, 이는 그들이 그리스도의 대리적 속죄의 중요성을 깨닫지 못하고 있음을 보여 준다. 복음주의자 외에는 복음적이지 않은 방법론을 택하고 있다.

그러나 적어도 이론적으로는, 복음적이지 않은 해법을 거부한다고 해서 복음의 사회적 적실성을 망각한 것은 아니다. 초대교회가 그리스도의 대속적 죽음 그리고 육신의 부활을 중심으로 한 구속론을 강조한 것은 사실이지만, 세계를 변화시키려는 열정 또한 분명 초대교회를 특징짓는 중요한 요소였다. 그렇지 않았다면 기독교는 고작 3세기 남짓 그 당시 알려진 세계 안에서만 지속되는 종교에 그치고 말았을 것이다. 세계를 향한 어떤 열정이 있었기에 통치자들이 기독교 메시지를 자신들의 신민에게 강요할 정도로 적실성(適實性)을 갖출 수 있었다. 세계를 개혁하고자 하는 열정이 없는 기독교는 사도적 기독교의 유산을 반영하지 못하는 기독교다.

따라서 현대의 근본주의는 이런 복음의 위대한 전통이 세계에 대한 적실성을 잃어버린 것처럼 비치는 까닭이 무엇인지 궁금해 하고 있다. 더 광범위한 차원의 국제적인 결정을 고려하지 않으면 국가적 또는 심지어 지역적 차원에서도 문제를 해결할 수 없는 경우가 많은 이 시대에 이러한 근본주의의 위기는 더욱 도드라져 보인다. 복음주의는 복음주의적이지 않은 단체들과의 제휴를 극도로 기피하면서도 정작 복음의 메시지가 담고 있는 폭넓은 사회적 함의를 개발해 내지 못했기 때문이다.

전천년주의자와 무천년주의자의 경우에는 문제가 훨씬 더 복잡하다. 그들은 복음주의자가 아닌 이들이 잘못된 방법론을 사용하기 때문에 완벽한 사회 질서를 이루어 낼 수 없다고 믿을 뿐만 아니라, 복음주의자들마저 복음을 선포한다고 해서 그런 사회를 이룰 수는 없다고 믿는다. 이런 확신은 그리스도가 실제로 재림하실 때에야 비로소 하나님 나라가 시작되는 것이라는 믿음에 뿌리를 둔다. 무천년주의자는 지상에서의 천년왕국을 믿지 않지만, 그리스도의 재림을 제외한다면 현재의 사회 질서에 대해 절망할 수밖에 없다는 점에서 전년천주의자와 의견을 같이한다. 이 점에서 현대 근본주의의 다수를 차지하는 전천년주의자들과 무천년주의자들은, 구속을 위한 인간의 노력을 통해 하나님 나라를 성취하려고 노력하는 동안 세계가 회심하는 황금시대가 온 다음에 그리스도께서 재림하실 것이라고 기대하는 후천년주의자들에 맞서 공동 전선을 구축하고 있다.

오늘날 근본주의가 이처럼 기존의 세계 질서에 대해 절망하는 이유가 초자연적인 복음의 능력을 확신하지 못하기 때문이 아니라는 점은 강조할 필요가 있다. 오히려 성경은 전세계가 회심할 것이라는 소망을 제시하지 않으며, 전천년주의와 무천년주의가 하나님 나라의 도래와 관련해 그리스도 재림의 중요성을 강조하여 해석하기 때문이다. 그렇다면 현 시대에 대해 절망하는 이유는 복음의 메시지 자체에 결함이 있어서가 아니라 구속의 복음에 대한 응답이 부족하기 때문이다.

지난 두 세대 동안 예언자적 절망과 결합한 이러한 소망의 복음은 근본주의가 만족스럽게 해결할 수 없는 한 가지 문제를 제기했다. 근대의 종교 자유주의가 득세하기 전 근본주의는 구속과 중생이 세상 문제에 대한 유일한 해답이라고 선포하면서도 동시에 사회에 대한 열정을 잃지 않았다. 교회 자체가 이미 창조적 관념론을 대부분 아우르고 있었기 때문이다. 그러나 자유주의는 구체적으로 초자연주의적 틀이 필요하다는 생각을 무시했고, 종교적 인본주의는 철저하게 자연주의를 떠받들었으며, 이 두 운동이 함께 현대의 엄청난 사회악을 적극적으로 공격하고 나섰다.

근본주의는 성경적 구속을 배제한 이런 식의 도덕주의에 대해 복음적 교리와 윤리를 분리하지 않으면서 맞설 수 있었을지도 모른다. 역사적으로 기독교는 세계관뿐만 아니라 인생관도 아울렀다. 기독교는 철학적으로만이 아니라 사회적으로도 적실했다.

그러나 자신도 모르는 사이에 근본주의는 더 많은 대중의 지지를 얻기 위해 복음적이지 않은 인본주의와 경쟁하는 일에 몰두하게 되었다. 그러면서 동시대에 대한 예언자적 비관론으로 인해 근본주의는 점점 더 그 메시지를, 하나님을 믿지 않는 세상 밖으로 부름받은 '신실한 남은 자'를 위한 것으로 축소했다. 주사위는 던져졌다. 하나님이 현재 세계의 상황을 그럴 수밖에 없도록 만드셨기 때문이 아니라 예언된 것처럼 인간의 마음이 강퍅해졌기 때문이다. 그리하여 초자연적이지 않은 관념론은 모두 포기하고 미래에 대한 환상을 버릴 수밖에 없는 것이다. 한때 구속의 복음은 세계를 변화시키는 메시지였지만, 이제는 세계에 저항하는 메시지로 축소되고 말았다. 아우구스티누스의 「하나님의 도성」(City of God, 크리스찬다이제스트 역간)의 현대판은 이제 근본주의에서는 나올 수 없게 된 것이다.

근본주의는 복음적이지 않은 이념에 저항하는 동안 현대 개혁가들의 사회 운동에 대해서도 반대하게 되었다. 앞서 지적한 것처럼 이런 태도는 올바른 목적이라도 바람직하지 않거나 효과적이지 않은 방식으로 추구해서는 안 된다는 확신에서 비롯되었다. 그러나 이에 더해 근본주의자들은 종교적 자유주의와 인본주의에서는 세계 평화, 인류애, 민주주의, 새로운 경제체제 같은 개념에 대해 복음주의와 다른 의미를 부여하고 있다고까지 생각하게 되었다. 다시 말해, 근본주의는 그 방법뿐만 아니라 목적에 있어서도 복음적이지 않은 운동과 구별된다고 주장했다. 복음주의자가 아닌 이들은 잘못된 목적을 추구하고 있다는 것이다.

예를 들면, 복음주의자가 아닌 이들은 정의롭고 영속적인 평화를 위해 노력하면서 이론적으로는 특정 수단을 통해 이를 달성할 수 있다고 하지만, 실제적으로는 그 전제가 되는 기독교의 중생이라는 구체적 맥락을 배제하고 있다. 그리스도의 대속 그리고 구속 사역과 전혀 상관없는 세계 평화를 염두에 두고 있는 것이다. 인간의 본성에 대해 현실주의적 태도를 취하는 사람에게 이는 호사스러운 꿈에 불과하다.

인류애 역시 신약 성경에서 말하는 구속에서 매우 축소되었다. 초기 미국인들에게 민주주의란 세상의 권력에 구애받지 않고 성경에 입각해 하나님을 예배할 수 있는 권리를 의미했다. 그러나 두 차례 세계대전을 치르는 동안 민주주의에서 하나님을 예배할 수 있는 권리와 자유는 네 가지 자유 가운데 하나로 축소되고 말았다. 복음주의자는 이런 식의 인류애가 인간과 하나님의 관계를 모호하게 하기 때문에 인류애를 불가능하게 했음을 알고 있다.

노사관계 문제도 이제는, 거듭난 사람으로서 하나님의 뜻에 순종하는 문제가 아니라 사회주의나 공산주의의 좌파적 가르침에 불과한 것으로 취급하고 있다. 복음주의 교리에 따르면, 구속론적이지 않은 방법론만이 아니라 이러한 복음적이지 않은 목적까지도 반대해야 한다. 인간의 참된 본성과 운명에 관한 두 가지 정의가 존재하기 때문이다. 하나는 완벽한 물질적 질서를 추구하는 반면, 다른 하나는 완벽한 영적 세계를 우선적으로 추구한다.[2]

복음적이지 않은 목적에 대한 반동은 두 가지 방식으로 드러난다. 하나는 소리 높여 비난하는 것이고, 다른 하나는 소리 없이 저항하는 것이다. 각 교단의 사회 활동 위원회와 특히 연방교회협의회에 반영된 공산주의 경향은 신랄한 공격 대상이 되었다. 다른 한편으로, 근본주의자들은 주류 유통을 금지한다고 해서 세상의 죄가 사라질 것이라고 생각하지 않

---

[2] 존 베넷(John C. Bennett)은 자유주의적인 사회복음과 사회에 대한 그리스도인의 책무 사이의 관계를 논의하면서 사회복음이 "취약하고 이제는 시대에 뒤처진 신학적 가정을 배경으로 하고" 있음을 인정한다(*Christian Ethics and Social Policy*, p. 2. New York: Charles Scribner's Sons, 1946). 그러나 그는 "사회복음이라는 말이 담고 있는 사회적 책무라는 중대한 의미를 잃어버릴 수도" 있다는 이유로 이 용어 자체를 폐기하는 데는 반대한다(p. 3). 오늘날 사회복음에 대한 자유주의 진영의 비판은 거의 예외 없이 더 고등한 자유주의의 틀에 머물러 있으며, 여전히 대속적 속죄와 초자연적 중생과 같은 사도적 교리를 위한 여지를 남겨 두지 않는다. 아직도 신학적인 감수성보다는 사회적인 감수성이 훨씬 더 강조된다.

으며, 술이나 마약에 반대하는 운동을 부차적인 악에 매달리는 일로 간주하여 용인하지 않게 되었다. 절제운동 진영에서는 자신들이 하는 일을 소개할 때 자유주의 교회에서보다 근본주의 교회에서 더 많은 어려움을 호소한다. 복음주의권에서는 그런 도덕주의 운동이 더 고결하고 훌륭한 생활 방식을 교묘하게 선전하는 것에 불과한 것으로, 결국 주께서 열방에 선포하라고 교회에 위임하신 구속과 중생에 관한 신약 성경의 가르침과는 한참 동떨어진 것일 뿐이라고 생각한다. 이교적 관념론인 도덕주의가 성경적인 '좋은 소식'을 대체해 버렸다는 말이다.

복음적이지 않은 단체들이 자신들의 이데올로기를 선전의 핵심으로 삼았기 때문에, 복음주의자들은 그러한 인본주의적 열심에 반대했다. 근대 개혁가들이 침략 전쟁과 정치적인 국가주의, 인종적인 편견, 주류 유통, 노동자 착취, 그 밖의 갈등 요소들을 비판할 때 근본주의 진영에서는 거의 지지를 보내지 않았다. 사회복음(Social Gospel)에 반대하는 근본주의는 그리스도인의 사회적 책무에 대해서도 거부하는 듯했다.

근본주의는 자신의 틀 안에서 적극적인 메시지를 만들어 내는 데 실패했으며, 그 대신 세계사에 대한 절망적 비관론 뒤에 숨어 동시대의 위기에 대한 복음주의의 적실성을 잃어버리고 말았다. 비록 그것이 구속론적이지 않은 맥락에 속한 것이기는 하지만, 진정한 창조적 사상은 이제 복음주의자가 아닌 다른 사람들에게서 나오게 되었다.

복음주의자들은 용인된 악에 대한 해답을 찾으며 현재의 사회 개혁가들의 노력을 비판하거나, 아니면 자신들이 지지할 수 없는 이데올로기를 가진 이들과 협력할 수밖에 없는 불편한 양자택일 앞에 놓여 있다. 결국 많은 복음주의자들이 사회복음 운동에 참여할 수밖에 없었지만, 이 운동에서는 복음적인 교리가 점점 더 흐려지고 있으며 복음적으로 정의되지 않은 목적을 추구한다. 그러나 대다수는 이 시대의 사회 개혁 운동을 의도적으로 멀리하고, 성경적이지 않은 방식으로 세계를 변화시키려는 노력을 무의미하고 기만적이라고 비난하며, 점점 더 적대적인 환경에서 소수를 구출해 내려는 노력을 배가하고 있을 따름이다.

이따금씩 통찰력 있는 근본주의자가 나타나 세상의 상황을 비판하고 세상 안에 있는 개인을 변화시킴으로써 세계를 변화시킨다는 사도적 열정에 대해 예언하기도 한다. 비록 초대교회가 궁극적으로 하나님 나라를 그리스도의 재림과 연결 짓기는 했지만, 그럼에도 불구하고 사도들이 지상대명령에 순종하여 온 세상 사람들에게 복음을 전하는 일에 혼신을 다했다는 사실에 대해서는 선지자적 예측에 관심이 많은 근본주의자들조차도 불편해 한다. 복음의 메시지를 현대 상황과 효과적으로 연결하려는 노력이 지엽적이고 간헐적으로 나타나기도 했다. 현대 근본주의는 불편한 양심 때문에 분주하다. 그러나 복음주의와 사회적 함의를 명확히 설명하는 일은 쉽지 않았다. 현대의 구체적인 악에 대한 허술하고 피상적인 분석에 그칠 위험도 있다. 예를 들어, 미국 연방교회협의회의 대사회적 프로그램에 대한 최근의 근본주의 진영의 논의에서는 그 단체 내부의 공산주의적이며 좌파적 경향을 신랄하게 비판하면서도, 반대로 자본주의 체제의 악에 대해서는 침묵으로 일관하며 자본주의를 어떻게 구속할 것인가 하는 문제는 애써 외면했다.

오늘날 근본주의 안에는 이런 경향에 반대하는 움직임이 점차 나타나고 있다. 이것은 불편한 양심에서 잉태되어 복음이 현대 사회에 던지는 도전을 더 이상 모호하게 만들지 않겠다는 결단에서 시작된 움직임이다. 여기에는 현대 사회의 절망과 성경적 구속론의 종합만큼 적절한 것은 없다고 확신하는 오늘날 복음주의 최고의 지성들도 가담하고 있다.

앞서 지난 두 세대 동안 신약 성경의 초자연주의와 결별해 때로 르네상스의 인본주의와 현대 철학을 통해 교회 안까지 침투한 이데올로기를 가진 이들이 창조적인 윤리 사상을 장악했다는 점을 지적했다. 하지만 그렇다고 해서 진리가 그들의 편이라는 말은 아니다. 오늘날 복음주의자가 아닌 이들이 인간의 본성과 운명에 대해 충분히 깊이 파고들지 못했기 때문에 암울한 환멸의 상태를 피할 수 없다는 근본주의자의 경고는 가볍게 무시당할 뿐이다. 하지만 두 차례 세계대전을 통해 근본주의자의 평가가 옳았음이 증명되었다.

현대 자유주의자의 피상적 낙관론에서 기인한 불편한 양심은 현대 사회에서 심각한 문제다. 그러나 바울과 달리 오늘날 국제연합 회의장에서든, 일본, 독일, 미국 등의 노사 간 논쟁 또는 주요 대학의 강의실에서든, 아무런 목소리를 내지 못하는 현대 복음주의의 불편한 양심 역시 마찬가지로 심각한 문제다.

3장

사회 개혁 운동과 결별한 복음주의

복음주의 기독교가 위대한 사회 개혁 운동과 이렇게 오랫동안 결별한 것은 기독교 역사상 처음 있는 일이다.

기독교가 언제나 사회를 향한 열정으로 불타올랐던 것은 아니라는 점은 인정한다. 신약 성경의 세계관과 인생관이 고대 세계를 이교적 야만주의에서 벗어나게 해주었으므로 동서양의 차이를 많은 부분 기독교의 관점으로 설명해야 함에도 유럽 역사 초기에 교회가 사회 문제에 그다지 관심을 기울이지 않은 것도 여전히 사실이다. 중세의 로마 가톨릭 교회는 정치적 혁명보다 영적 혁명을 추구하는 경향이 있었으며, 오히려 봉건 체제를 견고하게 뒷받침하기도 했다.

스페인과 라틴 아메리카, 미국에서의 가톨릭 운동을 대조할 때 드러나듯이, 심지어 오늘날까지도 로마 가톨릭의 박애주의는 편의주의에 좌우되는 경우가 많다. 그러나 루터교 종교개혁의 경우에도 마르틴 루터 역시 그 시대에는 아무리

대단한 것이었다고 할지라도 오늘날에는 매우 사소하게 보일 뿐인 사회, 정치 발전이라는 명분으로 농민전쟁에서 민중을 저버린 바 있다.

그러나 세상을 향한 열정이 부족할 때마다 기독교는 종교개혁이 서구 지성을 위해 회복하고자 한 사도적, 선교적 형태의 기독교가 되지 못했다. 기독교는 그 참된 정수를 드러낼 때 어느 시대이건 그 시대의 분위기에 관념론적인 심판의 기상을 제공했으며, 과거의 문화 속에서 일련의 개혁 운동을 촉발했다.

그러나 오늘날 근본주의는 기독교 윤리를 어떤 식으로든 현대의 개혁자들이 견지하는 인본주의적 도덕주의와 동일시하는 것에 반대한다. 그런데 아이러니하게도 오늘날 용인된 사회악을 가장 분명하고 활발하게 공격하는 쪽은 다름 아닌 인본주의자들이다. 그 결과 세상에 대한 프로그램이 부족한 개신교 복음주의는 지배적인 문화에 도전하는, 부차적이며

---

1) "기독교의 네 가지 사회적 전략"(즉, 가톨릭의 전략, 퇴거의 전략, 기독교와 특정한 사회적 프로그램의 동일시, 개인적인 삶과 공적인 삶에 대한 이중적 기준)에 대해서 논하는 존 베넷의 책은 읽어볼 만한 가치가 있다(*Christian Ethics and Social Policy*, p. 32 이하). 그는 기독교 윤리와 사회 정책을 연결시키고자 하는 다섯 번째 전략을 제안하고 있는데, 이전의 사회복음이 가지고 있던 과도한 낙관주의적 가정을 탈피하면서도 기독교 윤리와 구속하시는 그리스도와의 구원의 연합을 통해 개인의 중생을 강조하는 사도적 전통을 적절히 연결시키지 못하고 있기 때문에 그의 제안 역시 부족하다.

심지어 종속적인 역할로 전락하고 말았다.[1]

이러한 곤경에 관한 한 가지 아이러니는 복음주의자들이 반대하는 바로 그 기관들에게서 정작 자신들은 중요한 혜택을 얻고 있다는 점이다. 예를 들어, 최근에 한 근본주의자인 군목은 미국 정부에 대한 연방교회협의회의 영향력 덕분에 군인들에게 복음을 복음주의 방식으로 마음껏 선포할 수 있는 기회를 누릴 수 있게 되었다고 말했다. 그의 말은 연방교회협의가 종교적 근대주의와는 다른 역사적 복음주의 메시지를 전하기 위해 노력했다는 뜻이 아니라, 교회협의회에서 군종 제도가 처음 생길 때부터 이 제도 전반을 면밀하게 감시해 왔고 복음주의자들도 어느 정도는 그것에 찬성했다는 뜻이다.

사회 개혁 운동과 결별한 개신교의 당혹스러운 상황은 너무나도 분명하다. 과거 서양 역사를 보면 행위의 영역에서는 초월적인 생명으로, 철학의 영역에서는 초자연적 세계관으로, 사회 개혁의 영역에서는 초월적 소망으로 인간의 삶에 도전한 기독교만큼 막강한 영향력을 발휘한 영적 세력이 없었지만, 현대의 근본주의는 시급한 사회적 쟁점과 관련해 오늘날 세계의 지성에 사실상 아무런 도전도 제기하지 못하고 있다. 확실히 기독교 역사에서 복음주의적 도전에는 언제나 구속이라는 구체적인 틀이 있었다. 그러나 현대에는 그런 도전을 거의 느낄 수가 없게 되었다.[2] 대부분 근본주의에서는 구속의 메시지 안에 담긴 의미를 20세기 세계가 당면한 심각한 윤리 문제에 실제적으로 적용하지 못하고 있다.

역사적으로 히브리-기독교 사상은 세계관과 인생관을 긴밀하게 결합했다. 성경적 관점에서 형이상학과 윤리는 언제나 함께 가야 한다. 위대한 교리는 모든 인류에 적용되는 신적인 사회 질서를 내포한다. 이상적인 히브리-기독교적 사회는 당대의 지배적인 문화에 역동적으로 도전하며, 용인된 사회악에 구속의 능력으로 비판을 가한다. 구속의 메시지는 세상을 향해 빛과 소금이 되기 때문이다. 교리적 틀을 고수하는 것만으로는 결코 충분하지 않았다. 언제나 그와 더불어 악에 대해 강력히 맞섬으로써 세계가 장차 그리스도의 심판대 앞에 설 것임을 보여 주어야 했다. 사도적 기독교는 그런 모습이었다. 그것은 후기 사도 시대 변증가들의 기풍이기도 했다. 황제는 예수의 권위에 따라야 했다. 이생에서 그러지 않았다면 내생에서는 그래야만 할 것이다. 하나님의 나라가 이 땅 위에 실현되지 않았다면, 그것은 하나님의 잘못도 아니고 구

---

2) 많은 로마 가톨릭교인들은 개신교가 이런 어려움을 겪는 까닭은 전적으로 개신교가 "보편적인 (로마) 가톨릭 교회"로부터 이탈했기 때문이라고 주장한다. 그러나 종교개혁이야 말로 참된 영적 보편성(ecumenicity)의 가능성을 열었다. 사실, 종교적인 근대주의에서는 이러한 이상이 실제로 구현될 수 있는 가능성을 배제한다. 그러나 복음주의에서는 그 가능성을 여전히 열어둔다.

속적인 형이상학 탓도 아니며 죄인인 인간의 잘못일 뿐이다.

히브리-기독교적 관점 속에는 신학-윤리적인 강조가 면면히 이어져 내려온다. 성경적 초자연주의라는 궁극적인 가치는 변하지 않는다. 신약의 교리와 마찬가지로 신약의 윤리 또한 전혀 새로운 것이 아니다. 형이상학적 관념과 마찬가지로 도덕적 관념도 구약에서 이미 예견한 것이다. 그것은 성경적 관점 전체가 창조하며 계시하고 새롭게 하시는 하나님에 기초한 것이기 때문이다. 후대의 기독교 메시지가 어떤 식으로 율법을 제거했든지 간에 그 안에 담긴 궁극적인 진리마저 배제하지는 않았다. 성경에는 영속적인 문명의 유일하고도 확실한 토대가 들어 있으며, 그 주춧돌은 곧 구속하시는 하나님에 대한 필수불가결한 지식이다. 신약 시대이건 구약 시대이건 거짓 신을 예배하거나 살인하거나 간음하는 것은 옳지 않았다. 예언자 모세가 그렇게 말했기 때문이 아니라 어떤 궁극적인 이유가 있기 때문이었다. 모세 심지어 아담 이전에도 이런 행위는 잘못이었다. 이런 행위는 우주를 다스리시는 하나님의 성품과 의지를 거스르기 때문에 언제나 잘못된 것이었고, 앞으로도 언제나 잘못된 것일 수밖에 없다. 언제 어느 곳에서든 모든 피조물에게 이런 행위는 그릇된 것이다. 도덕적인 잣대에 관한 한 우주는 하나다. 예수께서 세상에 오시기 전이든 후든 다른 잣대에 근거해 문명을 세우려 할 때 그 시도는 실패할 수밖에 없다. 십계명은 해체될 염려가 없는 사회를 세울 유일하고도 확실한 기초가 무엇인지 보여 준다. 이 원리를 저버릴 때 모든 문화는 멸망과 부패의 누룩이 안에서부터 자라는 것을 보게 된다. 거룩하신 구속의 하나님과 관계를 맺지 못하는 그 어떤 문화도 고매한 이상을 성취할 수 없다. 인간이 그런 이상을 품기 위한 전제 조건은 바로 하나님이기 때문이다.

그러므로 구약에서든 신약에서든 핵심 교리와 윤리적 함의를 별개의 것으로 취급할 수 없다. 인류가 시작될 때부터 구속의 형이상학은 사회적 의미를 담고 있었다. 아담은 자신의 타락 안에 모든 인류를 연루시켰다. 언약에서는 아브라함과 그의 백성을 뽑아서 세상의 복이 되게 했다. 모세오경은 역사에서의 심판과 축복이 개인뿐만 아니라 백성 전체가 유일하신 참 하나님 앞에서 신실한가에 달려 있다고 끊임없이 경고한다. 모세모경의 마지막 부분에서 모세는 이스라엘 민족의 역사를 선지자적으로 회고하며 그 속에서 영원히 기억될 사건의 철학을 발견하고 있다. 하나님의 자비를 찬양하는 동시에 그분의 심판을 경고하는 모세의 노래는 "이 율법의 모든 말씀을" 지키라는 충고에서 절정을 이룬다. 왜냐하면 "이는 너희에게 헛된 일이 [아니며] 너희의 생명"이기 때문이다 (신 32:46 이하). 당대의 사회악을 신랄하게 꾸짖던 대선지서와 소선지서는 그와 똑같은 열정을 구속의 맥락에 담아냈다. 히브리적 세계관과 인생관에서는 법정에서 정의를 바로 세우지 못하는 것이나 고리대금, 궁핍한 이들에 대한 수탈, 가난한 이들을 먹이고 입히지 않는 것, 상거래에서 과도한 이익을 취하려는 것에 대해 무관심한 채 수수방관하지 못한다.

신약 성경이 그리스-로마 문화에 도전한 것도 히브리-기독교적 기상의 필연적 결과였다. 세례 요한은 모세, 이사야, 아모스의 전통을 이어받아 사회의 불의를 꾸짖었다. 그는 구세주가 오심을 알리며 다름 아닌 이사야의 말씀을 선포했다. "광야에서 외치는 자의 소리가 있어 이르되, 너희는 주의 길을 준비하라…모든 육체가 하나님의 구원하심을 보리라"(눅 3:4-6). 분명히 세례 요한의 설교는 구속의 메시지를 전면에 내세웠다. 그는 자신의 제자들에게 예수를 가리켜 "세상 죄를 지고 가는 하나님의 어린 양"이라고 말했다(요 1:29). 그는 제자들에게만 그렇게 말한 것이 아니다. 예수를 박해하는 이들이 요한에게 사람을 보냈을 때, 요한은 그들에게 진리에 대하여 증언했다(요 5:33). 세례 요한은 구속에 대해 설교했지만 사회 문제에 무관심하지 않았다. 그는 바리새인과 사두개인을 "독사의 자식들"(마 3:7)이라 꾸짖으면서 "회개하라. 천국이 가까이 왔느니라"라고 훈계했다(마 3:2). 그는 "회개에 합당한 열매"(눅 3:8)를 맺을 것을 촉구하며, "이미 도끼가 나무 뿌리에 놓였으니, 좋은 열매 맺지 아니하는 나무마다 찍혀 불에 던져지리라"라는 말씀을 선포했다(눅 3:9). "그러면 우리가 무엇을 하리이까?"(눅 3:10)라는 구체적인 질문에 대해 그는 구체적인 행위를 제시한다. 옷이 두 벌 있는 사람은 옷이 없는 사람에게 나눠 주어야 했다. 먹을 것이 많은 사람은 궁핍한 사람과 먹을 것을 나누어야 했다. 세리들은 남의 것을 빼앗지 말아야 했다. 군인들은 폭력을 행사하거나 거짓으로 고발하지 말아야 했다. 받는 급료에 만족할 수 있어야 했다. 일부 인본주의자들이 이에 대한 잘못된 해석을 고집하는 것처럼, 이 구절은 노사 관계에서 현상유지(*status quo*)를 옹호하는 말이 아니다. 오히려 죄 없는 시민을 약탈하지 말라는 경고였다. 요한의 권면은 그밖에도 많은 것들을 포함했다(눅 3:18). 실제로 그는 왕의 간음을 비판했다가 감옥에 갇혀 결국 순교를 당했다. "이는 요한이 헤롯에게 말하되 동생의 아내를 취한 것이 옳지 않다 하였음이라"(막 6:18).

요한의 설교에 담긴 사회에 대한 비판은 예수의 메시지와도 상반되지 않았다. 옥에 갇힌 요한이 그리스도에 관해 묻자, 예수는 이에 대해 답하시면서 요한이 구약 성경에서 이어받은 메시아 대망 사상을 그대로 승인하신다. "너희가 가서 듣고 보는 것을 요한에게 알리되 맹인이 보며 못 걷는 사람이 걸으며 나병환자가 깨끗함을 받으며 못 듣는 자가 들으며 죽은 자가 살아나며 가난한 자에게 복음이 전파된다 하라"(마 11:4-5; 눅 7:22). 이 핵심적인 구절을 영적이지 않은 필요와 완전히 단절된 복음으로 해석하는 것은 사실상 불가능하다. 실제로 신약 성경은 영적인 중생을 묘사하기 위해 눈먼 사람을 보게 하고 듣지 못하는 이가 듣게 되며 죽은 이가 살아난다는 비유적인 표현을 반복적으로 사용하기는 한다. 그러나 이것은 저는 이가 걷고 나병에 걸린 이가 깨끗하게 된다는 표현에는 해당되지 않는다. 그뿐만 아니라 누가는 요한에 대한 예수의 대답에 앞서 이렇게 분명히 말한다. "마침 그 때에 예수께서 질병과 고통과 및 악귀 들린 자를 많이 고치시며 또 많은 맹인을 보게 하신지라"(7:21). 여기에 전인적인 필요에 대해 무관심한 복음을 말할 수 있는 여지는 없다.

물론 예수는 세계 평화를 위해 모든 노력을 기울여야 한다고 주장하지 않으신다. 그분은 평화나 전쟁이 구속만큼 인간의 행복에 결정적인 요소가 될 수 없다는 성경적 확신에 동의하셨다. 세상의 재화를 공산주의식으로 분배해야 한다고 주장하지도 않으셨다. 경제 문제를 해결하는 데에도 구속이 필수적이라는 성경적 확신에 동의하셨다. 서방의 민주주의 국가와 소련 같은 공산주의 국가 사이의 국제 관계가 어떻게 이루어져야 하는지에 관한 공식을 말씀하지 않으셨다. 정치학에도 세속 국가 사이의 관계보다 더 절실한 필요가 존재한다는 성경적 확신에 동의하셨다.

그러나 그렇다고 해서 예수께서 국가나 전인으로서의 인간에 무관심하셨다는 말은 아니다. 현대의 맹목적인 편견 중 하나는, 다른 사람이 현대적인 방식으로 어떤 문제에 대해 공격하지 않으면 그 사람이 그 문제에 대해 무관심하다고 판단해 버리는 것이다. 예수의 방법론은 구속의 방법론이며, 이는 현대적인 방법론과 전혀 다르다. 그들에게는 구속이 현대 세계에는 적합하지 않은 관념이라는 전제가 있기 때문이다. 그러나 예수께서 보시기에 전세계에 영향을 미치는 문제 중에서 구속이 그에 대한 적합한 해결책이 되지 못하는 경우는 하나도 없다. 구속은 정치, 경제, 학문 등 세계의 모든 문제에 대한 유일하고도 적합한 해결책이다. 모든 비기독교적 해법은 구속이라는 잣대로 평가를 받는다.

바울의 입장도 윤리적 보편주의를 포함한다. 바울이 개인 윤리 너머에 관심을 두었다는 의미다. 그리스도의 복음은 모든 인간적 차이를 초월한다. 그리고 그분은 인간의 필요에 대한 유일하고도 적합한 해법을 갖고 계신 인류의 유일한 주인이시다. 그러므로 이 이방인의 사도는 개인적일 뿐만 아니라 사회적인 기독교를 선포한다. 선교의 열정으로 충만한 바울은 신자가 수도원에서 홀로 살 수 있는 독점적인 특권을 누린다는 견해를 전적으로 거부했다. 오히려 그는 세상을 예수의 발아래 엎드리게 하려는 영적인 열정으로 불타올랐다.

기독교의 구속을 당시 그리스-로마의 환경에 적용하고자 하는 이러한 초기의 관점이 사도적 증거의 특징이었기에 이 새로운 종교는 3세기만에 그 당시 알려진 세계의 대부분을 석권할 수 있었다. 하나님 나라에 대해 어떤 견해를 품고 있든지, 초대교회의 그리스도인들은 세상을 변화시키려는 열정과 하나님 나라가 서로 모순된다고 생각하지 않았다. 반대자들이 자신들을 세상을 "뒤엎으려" 한다고 의심하는 것에 대해 당혹스러워하지 않았다. 이것은 초기 기독교가 사회 개혁을 위한 프로그램을 제시했다는 뜻이 아니라 그런 개혁을 위한 기본 원리와 도덕적 원동력을 제공했으며, 상황을 개선할 근거가 되는 중생에 집중했다는 말이다.[3]

물론 얼마 안 가서 로마 가톨릭의 제국주의가 영적인 중생을 정치 지배력의 확대로 갈음했음을 부인하지는 않는다. 이른바 중세 기독교 문화는 기독교 증거의 영향력을 전적으

---

[3] 오늘날 개인의 중생에 집중하는 메시지가 사회적으로 부적절하기보다는 사회적으로 적합하다는 사실에 대해 새롭게 주목하는 이들이 늘고 있다. 고등한 자유주의자들도 1914년과 1946년 사이의 전쟁을 통해 많은 교훈을 얻었다. 어네스트 스캇(Ernest F. Scott)은 다음과 같이 말한다. "사회적인 악폐에 대한 예수의 치유법은 개인의 의지를 새롭게 하는 것이다. 사람의 마음이 달라지면 그 행위도 달라질 것이며, 이를 통해 사람과 사람 사이에 바른 관계가 이루어지는 새로운 사회가 도래하게 될 것이다"(*Man and Society in the New Testament*, p. 197. New York: Charles Scribner's Sons, 1946).

로 상실하지는 않았지만, 외면상으로는 의례화(儀禮化)된 그리스-로마 문화 형태에 불과했다. 교회사에서 수도원 운동과 같이 내세를 강조하는 기독교 전통이 이따금씩 나타나기도 했다. 토마스 아 켐피스(Thomas á Kempis)의 「그리스도를 본받아」(*The Imitation of Christ*, 크리스챤다이제스트 역간)는 근본 동기보다는 개인 윤리를 해설하고 있기는 하지만, 역시 이러한 흐름 속에 있다고 할 수 있다.

그러나 초기 교부적인 도덕론자들은 우상숭배와 감각의 사치, 성적 방종, 외설적인 연극, 잔혹한 검투사 경기, 영아살해 및 낙태, 상거래 사기 등 이교의 윤리적 기준을 공격했다. 그들은 기독교의 메시지로 모든 사회 부도덕에 맞섰다. 아우구스티누스는 「하나님의 도성」에서, 하나님 나라가 초역사적 실체일 뿐이라는 견해에 맞서 역사 안에서 세속의 도성과 영원한 도성이 공존한다고 주장했다. 13세기 아퀴나스는 여전히 로마 가톨릭 신학의 준거틀을 이루고 있는 신학체계를 공식화하면서 기독교적인 사회 윤리와 개인 윤리 모두를 자세히 연구하는 것을 중요한 책무로 삼았다.

초기 르네상스 시대에는 로마 가톨릭 교회의 부패 때문에 사회 이론에 관심을 돌렸고 이는 결국 종교개혁을 낳았다. 종교개혁의 아버지 마르틴 루터는 행위 구원이라는 중세의 관념을 공격하는 데 전력을 다했지만, 자신이 제시한 복음의 메시지가 어떤 윤리적 함의를 갖는지에 대해서는 만족스럽게 설명하지 못했다. 루터는 당대의 도덕적 타락에 대해 슬퍼하면서도, 자신의 신학에서 성화에 관해 충분히 강조하지 않았다. 또한 농민전쟁에서 그가 보인 태도는 종교개혁사에 오점을 남기고 말았다. 그러나 스위스를 중심으로 한 츠빙글리의 종교개혁에서는 중생이 시민으로서의 삶과 도덕에 대해 어떤 의미를 갖는지를 더욱 분명히 했으며, 칼뱅의 종교개혁에서는 그리스도인의 삶에 대해 참으로 보편적인(catholic) 견해를 제시하고자 노력했다. 칼뱅은 역사적으로 히브리-기독교적 전통은 교의를 주장할 뿐만 아니라 구속이 사회적으로 어떤 의미가 있는지도 분명히 가르쳤다고 생각했다.

오늘날 개신교 근본주의는 성경적이며 종교개혁적인 초자연적 복음이라는 전통을 이어받고 있는 것처럼 보이지만, 실은 그 신학의 선조들이 보여 준 사회에 대한 적극적인 관심을 잃어버린 것이 지배적인 분위기가 되고 말았다. 현대 근본주의는 복음의 메시지가 비기독교 세계에 대해 어떤 사회적인 의미를 가지고 있는지 분명히 말하지 않는다. 근본주의는 전체주의 체제의 불의와 현대 교육의 세속주의, 인종주의적인 혐오라는 악, 현재 노사관계의 문제점, 잘못된 기초 위에 세워진 국제관계 등에 대해 도전하지 않는다. 의기양양한 르네상스의 분위기를 묵묵히 감수하며 그에 순응하기라도 하듯이 카이사르와 로마에 도전하기를 그쳤다. 사도적 복음이 세상을 바로잡으려는 열정에서 분리되고 만 것이다. 오늘날 그리스도인이 짊어져야 할 사회적 책무는 그것을 기독교적이지 않은 관점에서 이해하는 이들의 손에 넘어가고 말았다.

그러나 복음주의는 이렇게 스스로 역사를 배반하고 있음을 깨달을수록 더 불편해 할 수밖에 없다. 오늘날 근본주의는 두 가지 위대한 신념 때문에 안절부절못하고 있다. 그리고 복음주의가 기독교 전통의 정수를 표현하고자 한다면 이 두 신념을 반드시 지지해야만 한다. 첫째, 기독교는 개인적이며 사회적인 모든 악에 반대하며, 절대로 이런 악을 묵인하는 것으로 그려져서는 안 된다. 둘째, 이런 악에 반대하는 기독교는 예수 그리스도의 구속 사역과 중생하게 하시는 성령의 사역을 악에 대한 유일하고도 충분한 해결책으로 제시한다. 근본주의는 논리적으로 사회악에 무관심하다는 비판을 거부하면서, 복음주의적이지 않은 사상으로는 세상의 질서를 바로잡을 수가 없다고 주장해야 한다. 전지구적 악을 공격하는 일은 복음주의 세계관과 인생관에 일치할 뿐 아니라 거기서 비롯된 사명임을 새롭게 인식해야 한다.

4장

하나님 나라 선포에 대한 우려

천년왕국에 열광하는 태도는 현재의 복음주의보다 근대의 반초자연주의 이론에서 더 뚜렷이 나타난다. 교회사를 볼 때, 하나님 나라라는 기독교 개념에 대해 그렇게 적대적이던 자연주의 세계관이 마침내 내재적인 천년왕국 사상을 열렬하게 받아들인 것은 분명 흥미로운 사실이다.[1]

현대 근본주의는 뮌처(Münzer)와 츠비카우(Zwickau)의 예언자들, 그리고 마티스(Matthys)와 뮌스터(Münster) 왕국에서 내세운 천년왕국의 열정인 '현세적 천년왕국설'을 주장하지 않는다. 세대주의적이지 않은 근본주의에서 무천년주의자들과 전

---

1) 허버트 스펜서(Herbert Spencer)는 이런 낙관론을 전파한 사도였다. "이제까지 진보가 규칙이었다면 앞으로도 진보가 규칙일 것이라고 추측하는 것은 타당한 추론이라 할 수 있다. 그러나 이런 진보가 어떤 보편적인 법률의 작동에 의한 것이며 이 법칙 덕분에 우리가 완전이라고 부르는 상태까지 진보가 지속된다는 것이 증명될 때, 이러한 상태에 대한 믿음은 가능성의 영역에서 확실성의 영역으로 옮겨가게 된다"(*Social Statistics*, p. 78. New York: D. Appleton and Co., 1883).

천년주의자들은 현재 그리스도와 교회의 관계에서 실질적인 영적 통치가 이루어지고 있다고 주장하지만, 지상이든 천상이든 하나님 나라는 기드온의 번뜩이는 검이 아니라 그리스도의 재림으로 세워질 것이라는 데 의견을 같이한다. 세대주의적 근본주의에서 연기 이론의 핵심은 "하나님 나라가 현재가 아니라 미래에 있다"는 주장이다. 그러므로 현대 근본주의자들은 하나님 나라를 당장에 도래하게 만들 수 있다는 정서에 공감하지 않는다. 그런데 이런 분위기는 사회적 불의를 말소하여 천년왕국을 세운다는 전략을 가진 현대 자유주의의 특징이 되었다. 최근에는 실로 낯선 이들이 천년왕국에 대한 열정을 보여 주고 있다.

그럼에도 근본주의는 장차 하나님 나라가 확실히 올 것이라고 끈질기게 선포해 왔다. 도덕적 우주에서는 필연적으로 정의가 승리하기 때문이다. 제1차 세계대전으로 인해 그리스도의 재림 이전에 신자들의 노력으로 하나님 나라가 임할 것이라는 후천년주의적 낙관론은 크게 약화되었다. 그러나 그 이전에도 제임스 오어(James Orr) 같은 신중한 복음주의자들은 하나님 나라가 궁극적으로 수립되기 위해서는 그리스도의 재림이 필요하다는 확신을 통해서 후천년주의적 낙관론을 누그러뜨린 바 있다.[2] 제2차 세계대전 이후 복음주의 후천년주의자들은 거의 전적으로 전천년주의자들과 무천년주의자들에게 하나님 나라에 대한 선포를 넘겨주고 말았다. 이 둘은 그리스도의 재림이 장차 올 황금기의 전제조건이라는 확신은 공유하지만, 그것이 지상에서의 천년왕국을 포함하는지에 대해서는 의견을 달리한다. 현대 복음주의는 정의가 궁극적으로 승리한다고 확신하면서도, 진화론적 과정을 통해 자동적으로 진보가 일어난다고 믿는 자연주의적 낙관론을 거부할 뿐 아니라 복음에 대한 세상의 적대감도 과소평가하지 않으려 한다. 그리스도가 지상으로 재림하실 것이란 밝은 소망을 경시하지 않기에, 하나님 나라에 대한 소망은 오직 인간의 노력에 의지해 새로운 사회 질서를 세우는 것이 가능하다는 자유주의적 확신과도 뚜렷하게 구별된다.

최근 근본주의는 하나님 나라에 대한 선포를 주저하는 경향이 점점 더 두드러지고 있다.

복음주의자들은 민주주의나 공산주의 또는 다른 어떤 체제이든지 간에 하나님 나라를 현존하는 지상의 사회 질서와 동일시하려는 경향에 대해 언제나 반대했다. 근본주의자들은 세속적인 인본주의에 반대하면서, 구속이라는 요소가 빠져 있는 문화는 본질적으로 하나님의 나라와 다르다는 사실을 일관되게 증언했다. 하나님 나라에 독특성을 부여하는 것은

---

2) 이 같은 관점에서는 왕의 임재만이 유토피아를 담보할 수 있다.

초자연적 구속이라는 개념이다. 그들은 여러 가지 이유로 전체주의보다는 민주주의 경향을 띤 문화를 선호한다. 그러나 그렇다고 해서 이를 하나님 나라와 동일시하지는 않는다. 근본주의는 자유주의 설교의 특징인 현재의 왕국(kingdom now)이라는 정서에 대해 저항해 왔다.

다른 한편으로 근본주의는 미래의 왕국(kingdom then)에 대해 설교하는 것도 두려워한다. 이것은 부분적으로는 너무도 많은 예언을 남발했지만 제2차 세계대전을 통해 이런 예언들이 그릇된 것으로 판명되었기 때문이다. 물론 근본주의자들은 과도한 예언으로 미래에 대해 낙관론을 품었던 자유주의자들만큼 심각한 타격을 받지는 않았다. 그럼에도 불구하고 예언 운동에는 당혹스러운 요소가 수없이 많았다. 예언에 대한 환멸이 충분히 심각한 것이기는 했지만, 로마 제국이 되살아날 것이라는 우려와 같은 독선적 예측의 실패가 유일한 문제는 아니었다. 천년왕국설의 문제뿐만 아니라 환란 전 휴거인가, 환란 중 휴거인가, 환란 후 휴거인가 등의 문제를 놓고 벌어진 복음주의자들 사이의 분열은 한 개인을 적그리스도로 지목하려는 경향까지 가세해, 만연한 경험주의와 자연주의 세계관에 한 목소리로 반대하는 근본적인 초자연적 사상을 강조하기보다 오히려 근본주의자들 사이의 차이점에 집중하게 만들었다. 그러나 훨씬 더 심각한 문제는, 일부 근본주의자들이 세상 문화의 붕괴에 대한 강력한 해결책으로 그리스도를 선포하는 데 적극적으로 노력하라는 성경의 예언자적 가르침 대신 익숙함을 택했다는 데 있다. 그 결과 그들은 능력 있는 대사(大使)보다 계몽된 방관자를 길러냈다. 오순절에 선포한 도전적인 메시지보다는 예언자적인 비판이 그들의 강점이 되었다.

이런 요소는 반동을 불러일으켰고, 미래 왕국에 대한 메시지도 그런 반동의 일환이었다. 일부 책임 있는 근본주의자들은 전쟁 전에 그들이 선포한 예언적 메시지는 정당화할 수 없는 추론도 포함한다는 점을 인정했다. 그들의 주장이 모두 틀렸다는 말은 아니다. 그리스도인이 아닌 유태인들이 이주함으로써 팔레스틴이 재건되는 것처럼 예언이 성취되어도 요지부동인 인본주의자와 근대주의자들은, 지금까지 일어난 모든 사건을 통해 세상의 상황이 나아지기보다는 나빠질 것이라는 근본주의자들의 주장이 입증되었음을 인정해야 한다. 그럼에도 불구하고 예언이 지나쳤음을 솔직하게 고백해야 할 만한 충분한 이유가 있다.

그뿐만 아니라 종말론 사상에도 눈에 띄는 전환이 있다. 한편으로는 앨포드(Alford)와 트렌치(Trench)의 경우에서 보듯이 더 보수적인 형태의 전천년주의로 회귀하면서, 세부사항에 관해서는 교조적인 주장을 폐기하는 경향이 나타나고 있다. 이런 경향이 지속된다면, 다음 세대의 근본주의자들이 종말론을 가르칠 때는 하나님 나라의 선포와 재림, 죽은 자의 육신적 부활 그리고 미래의 심판에 대해 집중하게 될 것이며, 그 밖의 사소한 사건에 대해서는 큰 관심을 기울이지 않게 될 것이다. 다른 한편으로, 세부사항까지도 예언하는 세대주의적 전천년설에 반대하는 일부 복음주의자들이 그런 세부사항과 더불어 전천년설 자체를 포기하고 무천년설의 입장으로 전환하고 있다. 이런 경향에 대해 찬성하거나 반대하는 논증을 전개하는 것은 이 책의 목적에서 벗어난다. 나는 대체적으로 전천년설을 지지하고 있으며, 세부적인 사건을 인정할 수 없다고 해서 무비판적으로 전천년설 전체를 폐기하는 것은 옳지 않다고 확신한다. 물론 확고한 신념에 근거해 무천년설로 돌아간다면 그것은 다른 문제다. 그러나 복음주의자들에게 하나님 나라라는 문제 전체를 신중하게 재고할 것을 촉구하면서, 부차적인 쟁점에 정력을 허비하는 대신 현대 지성에 맞서 복음주의자들이 크게 일치를 이루어야 한다고 주장하는 것은 이 책의 범위를 벗어나지 않을 것이다.

이 글을 쓸 무렵 한 근본주의의 옹호자가 나에게 "하나님 나라를 다루지 말라"고 충고한 적이 있다. 근본주의자의 설교에서는 하나님 나라 사상을 해명하기를 꺼려하는 경향이 점점 커지고 있다. 현재의 왕국에 대한 메시지는 자유주의적인 사회복음과 너무 쉽게 혼동되기 때문이고, 미래의 왕국에 대한 메시지는 현대 지성으로 하여금 기독교를 현실도피의 기제와 동일시하게 만들기 때문이다.

그러나 예수께서 하나님 나라만큼 자주 말씀하신 주제도 없다. 끊임없는 열정으로 하나님 나라에 관한 진리를 선포하셨다. 그것은 예수의 설교에서 핵심적인 주제였다. 비유적이든 아니든 예수의 말씀에서 하나님 나라에 대한 언급을 제외한다면 그것은 그분의 말씀 대부분을 지워 버리는 것과 다름없다. '하나님 나라' 또는 '천국'을 반복해서 말씀하셨고, 그에 대한 관념이 예수께서 행하신 모든 사역을 특징지었다.

이 책은 어떤 새로운 하나님 나라 이론을 수립하려는 것이 아니다. 최근 교회에서 나타난 특이한 주석 경향은 의심받아 마땅하다. 널리 알려진 이론을 자세히 평가하려는 일이 이 글의 목적은 아니다. 그것은 이 짧은 글에서 할 수 있는 작업이 아니다. 나는 대략 전천년설을 지지하지만, 세대주의에서 주장하는 하나님 나라의 연기 이론을 선호하지 않는다. 전천년설에는 또 다른 수식어를 붙일 필요가 없다. 괄호라기보다는 거룩한 연속성의 관점에서, 놀라운 간주곡이라기보다는 구속 계획의 놀라운 통일성의 관점에서 교회 시대를 바라보는 것이 성경적인 역사철학에 더 일치하는 듯하다.[3] 나는 이러한 예언들이 미래의 지상 왕국을 요청하며, 영원한 영적 왕국이라는 사상만으로는 완벽히 규명될 수 없다고 생각한다.[4] 그럼에도 불구하고 이 글의 목적은 하나님 나라에 대한 개인적 견해를 주장하는 것이 아니라, 근본주의 필수 교리 중에서 세상에 대한 복음의 적실성만큼 본질적인 것은 없다는 복음주의적 확신을 촉구하는 데 있다. 하나님 나라에 대한 우리의 견해가 어떤 것이든지 복음의 적실성을 깎아내린다면 그것은 기독교 본질 자체를 파괴하는 것이다.

하나님 나라는 이미 이곳에 임한 동시에 그러나 아직 여기에 있지 않다고 하신 예수의 말씀을 인정하지 않는 한, 그분의 하나님 나라 가르침에 대한 어떠한 연구도 올바른 연구라고 볼 수 없다.[5] 이것은 도무지 해결할 수 없는 역설이라기보다는, 하나님 나라가 불완전하게 실현된 형태로 존재하고 있음을 강조하는 것뿐이다. 성경 연구자의 책무는 첫째, 어떤

---

3) 연기 이론에 따르면, 예수께서는 초림(初臨)에 다윗의 왕국을 세우려 하셨지만 거부당하셨기 때문에 '신비한 형태'의 왕국이 시작되었다. 그 결과, 교회 시대 동안 하나님의 계획은 신자들을 '불러내는' 것으로 제한된다는 것이다. 지난 두 세대 동안 이 이론은 북부에서 폭넓은 지지를 얻었다. 많은 이들이 이 이론을 전천년주의 전체와 동일시했을 뿐만 아니라, 근본주의 전체와 동일시했다. 요하네스 바이스(Johannes Weiss)와 알버트 슈바이처(Albert Schweitzer)를 비롯한 이른바 '철저한 종말론 학파(consistent school of eschatology)'에서는 예수를 탁월한 재능을 지닌 인간 예언자일 뿐이라고 생각하면서 그분이 미래의 종말론적 왕국만을 가르쳤다고 주장한다. 물론 이러한 견해는 유대인들의 왕국이라는 생각은 전혀 담고 있지 않지만, 미래적인 왕국만을 일방적으로 강조한다는 점에서는 연기 이론과 먼 인척 관계에 있다.

의미에서 하나님 나라가 여기에 존재하는 것인지, 둘째, 어떤 의미에서 그리스도의 재림 이전에 하나님 나라가 한층 더 실현될 것인지, 셋째, 어떤 의미에서 그리스도께서 재림하실 때 하나님 나라가 온전히 실현될 것인지를 밝혀내는 데 있다.

구약의 예언과, 예수 그리스도 안에서 메시아에 대한 구약의 예언이 성취된 것 사이의 연속성을 의도적으로 강조하는 마태복음은 복음서 중에서 가장 유대교적이다. 다른 복음서와 마찬가지로 마태복음에 나타난 예수의 가르침 안에 하나님 나라의 사상이 확실히 드러난다.

분명히 예수는 이 땅에 오시자마자 정치적 왕국 건설을 시작하지 않으셨다. 심지어 예수는 애초에 그런 시도를 하시다가 나중에서야 그 생각을 포기하신 것도 아니다. 제자들은 무력으로 로마 제국을 전복하려 들지 않았다. 카이사르가 하

---

4) 제임스 오어는 이러한 의견을 다음과 같이 명쾌하게 제시한 바 있다. "그러나 나는 이렇게 고백하겠다. '우리가 사는 이 땅에 장차 올 영광의 날, 즉 참된 안식과 공의가 실현될 때'라는 사상에 대해 나는 매혹을 느끼며, 구약의 예언에 그 기원을 두고 있다고 생각한다. 나는 그런 사상을 결코 무시할 수 없다…"(*Sidelights on Christian Doctrine*, 174쪽).

5) 포크스-잭슨(F. J. Foakes-Jackson)과 커소프 레이크(Kirsopp Lake)는 복음서의 하나님 나라는 이중적인 의미를 담는다고 주장했다. 그것은 가까이 왔다고 선포된 미래의 왕국이기도 하고, 하나님의 주권이 실현되는 현재적인 왕국이기도 하다. "이 둘 중 하나를 제거할 때 이같은 하나님 나라의 이중적 의미를 설명하려는…모든 시도는 실패하고 만다"(*The Beginnings of Christianity*, I, p. 208).

나님 나라 사상과 반드시 충돌해야만 했던 것도 아니었다. 카이사르가 하나님의 몫을 요구할 때에만 이런 충돌이 일어났을 것이다. 예수께서 소개하신 왕국은, 거듭난 신자들이 삶의 최고선(*summum bonum*)을 실현하는 것을 방해하지 않는 세상의 정부와는 양립할 수 있었다. 그러나 그 왕국은 구속을 핵심적인 기준으로 삼지 않는 그 어떤 정부와도 동일시할 수 없었다. 현재의 하나님 나라와 장차 올 하나님 나라 사이에 주된 차이점은, 장차 올 왕국에서는 모든 정부와 통치권이 구속하시는 왕께 복종하게 될 것이므로 모든 활동이 그 왕을 중심으로 이루어진다는 점이다. 미래 왕국이 지상에서의 통치를 포함할지 안 할지의 문제가 아무리 중요하다고 하더라도, 이런 차이점이 이 문제보다 훨씬 더 중요하다.

사람들이 현재 자신의 삶과 활동에서, 구속하시는 왕을 어느 정도 중심으로 삼는가가 현 시대에서 하나님 나라의 범위를 결정한다. 비록 어떤 이들은 구속의 계획에 찬동하고 다른 이들은 그에 반대하겠지만, 이 왕국을 그 어떤 지상적인 통치와도 전적으로 동일시할 수는 없다. 인간의 정부는 작심하고 선포하지 않는 한 하나님의 다스림과 충돌하지 않는다. 설령 충돌한다고 하더라도, 하나님 나라는 일차적으로 정치적 혁명이 아니라 영적 혁명을 통해 그 목적을 달성한다. 그렇지만 궁극적으로 이 세상은 도덕적인 우주이며 죄의 삯은 사망이기 때문에 하나님은 두 영역에서 모두 승리하신다. 중세 이전에 그리스-로마 문화가 몰락한 이유는, 예수께서 유대 정부를 그분의 원칙과 일치시키고자 하셨기 때문도 아니었고 제자들이 로마 제국을 멸망시키려고 노력했기 때문도 아니었다. 헤롯의 왕권 붕괴와 카이사르의 전복이, 임박한 하나님 나라를 위한 선결조건도 아니었다. 이 왕국은 각 개인들과 그들을 구속하시는 왕이신 예수 그리스도 사이의 영적인 관계였다. 이 나라는 어떤 구체적인 지상의 정치적 통치 세력이 전복되거나 수립되기를 기다리지 않았다. 추측컨대 그것은 구속이라는 기준에 대해 어떤 폭력도 가하지 않는 어떠한 지상의 통치 세력과도 양립할 수 있었다. 그런 폭력을 가하지 않는 전체주의가 폭력을 가하는 민주주의보다 더 나을 수도 있으며, 그 반대의 경우도 마찬가지다. 물론 어떤 전체주의나 민주주의가 그런 기준에 부합한다고 해서 그 자체를 하나님 나라와 동일시하지는 못한다. 미래의 하나님 나라에서는 모든 삶과 활동이 구속을 중심으로 이루어질 것이기 때문이다.

현재의 하나님 나라를 세울 때 예수의 복음은 정치권력으로 사람들의 반대를 억누르지 않는다. 미래의 하나님 나라가 설 때, 종국에는 분명 대격변이 있을 것이다. 본능적으로 이를 알았던 기독교 교회는 오랜 세월 동안 구속하신 주를 따라 이렇게 기도해 왔다. "나라가 임하시오며 뜻이 하늘에서 이루어진 것 같이 땅에서도 이루어지이다." 이 기도에 나타난 히브리식 평행법은 새 나라와 현재의 나라 사이에 얼마나 큰 차이가 있는지를 말해 주고 있다.

이와 마찬가지로 하나님 나라에 대한 사도적 견해가 현재의 복음주의에 결정적인 영향을 미친다. 사도들은 하나님 나라를 선포하는 것을 두려워하지 않은 듯하다. 빌립은 "하나님 나라와 예수 그리스도의 이름에 관한 기쁜 소식"을 전했다(행 8:12, 새번역). 에베소 회당에서 바울은 "하나님 나라에 관하여" 담대히 강론하며 권면했고(행 19:18), 그의 고별 설교에서 에베소 장로들을 향해 "내가 여러분 중에 왕래하며 하나님의 나라를 전파"했다고 말했다(행 20:25). 로마에 도착해서 바울은 "하나님의 나라를 증언하고 모세의 율법과 선지자의 말을 가지고 예수에 대하여 [권했다]"(행 28:23). 그는 2년 동안 로마에 살면서 "하나님의 나라를 전파하며 주 예수 그리스도에 관한 모든 것을 담대하게 거침없이 [가르쳤다]"(행 28:31).

하나님 나라에 대한 사도적 견해의 특징은 예수의 가르침과 마찬가지로 현재적 측면과 미래적 측면을 동시에 강조한 점이다.

하나님 나라는 전적으로 미래적인 것만을 의미하지 않는다. 바울은 로마 교인들에게 하나님의 나라는 "오직 성령 안에 있는 의와 평강과 희락"이라고 말했다(롬 14:17). 그는 고린도 교인들에게 하나님 나라는 "말에 있지 아니하고 오직 능력에 [있다]"라고 말했다(고전 4:20). 골로새 교인들에게는 성부께서 "우리를 흑암의 권세에서 건져내사 그의 사랑의 아들의 나라로 [옮기셨다]"라고 말했다(골 1:13). 히브리서 기자는 "우리가 흔들리지 않는 나라를 받았은즉 은혜를 받자. 이로 말미암아 경건함과 두려움으로 하나님을 기쁘시게 섬길지니"라고 말했다(히 12:28). 요한계시록 기자는 "나 요한은 너희 형제요, 예수의 환난과 나라와 참음에 동참하는 자라"라고 말했다(계 1:9). 이 구절들은 하나님 나라가 신자들의 삶에 현존하는 영적 실재로서, 완성된 하나님의 구속 그리고 중생의 계획과 공존함을 분명히 주장한다.

그러나 하나님 나라에는 영광스러운 미래라는 측면도 있다. 바울은 고린도 교인들에게 그리스도가 재림하시고 그리스도 안에서 죽은 의로운 이들이 부활한 다음에 종말이 올 것이며, 그때는 "그가 모든 통치와 모든 권세와 능력을 멸하시고 나라를 아버지 하나님께 바칠 때"가 될 것이라고 말한다(고전 15:24). 분명히 그리스도의 다스림은 그분의 모든 적이 다 굴복하지 않는 시기와 굴복하는 시기를 다 포함한다. 또한 바울은 썩는 것은 썩지 아니하는 것을 유업으로 받지 못한다고 설명하면서 "혈과 육은 하나님 나라를 이어받을 수 없[다]"고 말한다(고전 15:50). 그는 디모데에게 "하나님 앞과 살아 있는 자와 죽은 자를 심판하실 그리스도 예수 앞에서 그가 나타나실 것과 그의 나라를 두고 엄히 [명했다]"(딤후 4:1). 그리고 "주께서 나를 모든 악한 일에서 건져 내시고 또 그의 천국에 들어가도록 구원"하실 것이라고 말했다(딤후 4:18). 베드로는 형제들에게 "더욱 힘써 너희 부르심과 택하심을 굳게 하라⋯ 이같이 하면 우리 주 곧 구주 예수 그리스도의 영원한 나라에 들어감을 넉넉히 너희에게 주시리라"라고 권면했다(벧후 1:10-11). 요한계시록 기자는 "세상 나라가 우리 주와 그의 그리스도의 나라가 되어 그가 세세토록 왕 노릇"하실 그날(계 11:15)과 "우리 하나님의 구원과 능력과 나라와 또 그의 그리스도의 권세가 [나타날]" 그날(계 12:10)을 고대했다. 사도들 역시 예수님이 십자가에 달려 죽으시고 부활하신 후에 하나님 나라에 관한 그분의 가르침을 들었으며, 이스라엘에 나라를 되찾아 주실 때가 언제인지 그분께 여쭈었다(행 1:6). 그리스도의 다스림을 통해 신자들의 마음속에 세워진 현재적인 영적 왕국만으로는 대적하고 저항하는 모든 권세가 그리스도께 복종하게 될 미래의 왕국이 온전히 다 드러날 수 없다.

현재의 복음주의는 첫째, 구속의 메시지가 전지구적인 곤경에 대해 적실성을 갖고 있음을 다시 한 번 인식해야 하며, 둘째, 공동의 세계적 문제에 맞서기 위해 위대한 복음주의적 일치점을 강조할 필요가 있고, 셋째, 그 메시지 중에서 기독교의 고유한 본질에 어긋나서 세상에 대한 긍휼의 마음을 가로막는 요소가 있다면 이를 과감히 버려야 하며, 마지막으로, 일차적인 것에 집중하는 일이 국제적으로 중요한 의미를 갖는 이 시점에 부차적인 입장에 대한 논쟁에 쓸데없이 복음주의의 힘을 낭비하지 않기 위해서 종말론에 관한 올바른 관점이 무엇인지 다시 연구할 필요가 있다.

5장

십자가에 달린 근본주의자라는 강도

약간의 상상력을 발휘한다면, 예수와 나란히 십자가에 달린 두 강도를 인본주의자와 근본주의자로 보는 일이 어렵지 않다. 왼편 강도는 예수께서 고통 받는 인류를 위해 아무런 중대한 공헌도 하지 않았다고 생각한 반면, 오른편 강도는 그분이 구원자이심을 확신하지만 예수께서 그분의 왕국으로 들어가실 막연한 미래에 자신의 이름을 기억해 주기만을 바란다.

현대 근본주의는 예수의 대답을 오래 묵상해 볼 필요가 있다. "오늘 네가 나와 함께 낙원에 있으리라." 타락한 현대 문명을 위한 이 메시지는 현재 시제로 선포되어야 한다. 우리는 세상을 떨게 할 윤리로, 세상에 소망을 줄 수 있는 힘으로 바로 지금 세상과 맞서야 한다.

지금은 근본주의자를 십자가에 못박는 일이 매우 흔한 일이지만 그것이 이 책의 목적은 아니다. 우리는 자유주의자들과 인본주의자들이 근본주의를 향해 던지는 왜곡된 비판에 결코 공감하지 않는다. 스스로 당혹감을 감추기 위해 오늘날 수많은 자유주의자들은 하나님이 근본주의자가 아니어서 감사하다고 말하는 식으로 근본주의자와의 차별성을 부각하려 한다. 흔히 자유주의자는 성경 전체를 문자 그대로 받아들이거나, 하나님이 성경을 기록한 사람의 인격을 존중하지 않고 말씀을 받아쓰게 하셨다고 생각하거나, 하나님이 1,900년 전에 인간의 역사에서 일하기를 그치셨다고 주장하는 반계몽주의를 거부한다고 말한다. 하지만 대표적인 근본주의자들 중에 그렇게 생각하는 사람은 아무도 없다는 사실에 대해서는 말하지 않는다. 너무나 극단적이어서 정신적으로 무능한 사람들만 받아들일 법한 입장과 자유주의를 구별하는 것으로 아마 자유주의에 대한 사망의 독침을 제거할 수는 있을 것이다. 근본주의자는 십자가에 못박힌 반면, 자유주의자는 얼버무리는 말로 핑계를 대고는 마음껏 활개치고 있다.

다른 한편 이 책의 목적은 근본주의자에게 역사적인 교리와 역사적인 초월적 생명을 주장할 권리가 있음을 보여 주는 것이다. 이 초월적 생명에는 모든 사람으로 하여금 예수 그리스도를 아는 데 이르게 하려는 열정도 포함된다. 이런 열정이 없는 근본주의는 비본질주의가 되고 만다. 여기서도 '부정의 실용주의'[1]를 통해 시험해 보는 것이 좋을 듯하다. 만일 근본주의가 더 이상 '효과'가 없다면, 그것은 우리가 기독교의 핵심 본질에 위배되는 어떤 요소를 끌어들였기 때문이다. 사도들은 자신들이 사람들을 구원할 수 있는 하늘 아래 유일한 이름을 소유했을 뿐만 아니라 자신들의 신실한 섬김을 통해 그 세대의 사람들에게 구속의 영향력을 미칠 수 있는 그리스도의 대사라고 믿었다. 우리는 복음주의 운동 전체가 이 곤궁한 세상에 새로운 생명과 활력을 불어넣을 수 있게 되기를 갈망한다.

우리는 역사적 기독교의 초자연주의가 현대의 딜레마에 대한 유일한 해결책이라고 주장한다. 이 해결책은 그저 플라톤의 관념론이나 키에르케고르의 실존주의라는 이름으로 자연주의를 거부하는 것이 아니라, 히브리-기독교적 구속론을 재확인하는 것이다. 고전적 근본주의를 다른 관점과 제대로 구별해 내고자 할 때, 복음주의 지성 전체가 받아들 수 없는 지나치거나 부차적인 요소를 강조해서는 안 된다. 진정한 차이점은 복음주의가 논쟁적인 쟁점을 제기하는 현대 사상과 적극적으로 맞서 싸운다는 것이다. 근본주의에서는 순전히 수학적인 우주에 반대해 목적과 윤리가 존재하는 우주를 주창한다. 시공적인 것이든 생명의 약동†이든 비인격적인 궁극

---

1) 실용주의에서는 어떤 것이 효과가 있을 때 그것이 참되다고 인정한다. 즉, 기독교가 참된 까닭은 그것이 효과가 있기 때문이다. 호킹(Hocking)이 설명했듯이, 부정의 실용주의는 만약 그것이 효과가 없다면 참일 수가 없다고만 인정한다.

적 실재에 반대하며 인격적인 하나님을 강조한다. 자연주의적 진화론에 맞서 하나님의 창조를 주장한다. 또한 인간의 독특성은 인간의 성취가 아니라 하나님이 내려 주신 것에 달려 있다고 주장한다. 인간이 처한 곤경은 동물적 유전도 아니고 필연적인 인간의 본성도 아니며, 인간이 자의적으로 하나님에 맞선 결과라고 주장한다. 인간이 스스로 구원할 수 있다는 견해에 맞서 오직 하나님만이 인간을 구원할 수 있다고 주장한다. 성경이 종교적 체험을 기록한 다른 책들과 전혀 다르지 않다는 견해에 맞서 성경은 어떻게 하나님이 인류의 구속자이신 예수 그리스도 안에 성육신하셨는지를 비추어 주는 계시라고 주장한다. 역사의 진로는 일차적으로 나라들 사이에 벌어지는 일에 따라 결정되는 것이 아니라 인간이 이 신이자 인간인 존재를 받아들이느냐 거부하느냐에 달려 있다고 주장한다. 미래는 모든 가능성에 열려 있지 않으며, 세상은 장차 다가올 인류에 대한 심판이라는 최후의 종말을 향해 나아가고 있다고 주장한다.

종말론만 봐도 근본주의에 대한 입장이 얼마나 복잡다단한지 모른다고 말하기 전에, 우리는 바로 다음과 같은 관점에서 근본주의를 바라볼 필요가 있다. 의심할 여지없이, 이른바

---

† *élan vital*, 프랑스 철학자 앙리 베르그송의 생철학의 근본 개념으로서 창조적 진화를 설명하는 원리이다.

일부 헤겔주의자들이나 칸트주의자들이 헤겔이나 칸트의 철학을 대표하지 않는 것과 마찬가지로 근본주의의 참된 본질을 대변하지 않는 근본주의자들도 있다. 그런 부차적 이유 때문에 근본주의라는 요새를 포기하거나, 모호한 방식으로 신근본주의적 입장을 주장하거나, 근본주의와 차별화하기 위해 보수주의라는 말을 새로 만들 필요는 없다. 이미 용어 사용에 너무 많은 혼란이 존재하며, 근본주의가 자유주의의 근본 원리만을 강조하는 자유주의적 근본주의자와 동일시되거나 그런 오해를 부추길 위험도 있다.

교리적 신념을 폐기하거나 자유주의의 방향으로 나아간다고 해서 현대 복음주의의 부흥이 이루어지지는 않는다. 현재의 역사가 결정적으로, 자유주의적 관념론의 정체를 폭로해 버렸기 때문이다. 지난 세대에 만연했던 복음적이지 않은 사상들은 결국 실패하고 말았다. 이전 시대에 기독교적 초자연주의가 효과를 발휘하지 못했다는, 근거 없는 이유 때문에 기독교를 추방한 비복음주의적 사상들은 역사상 가장 심각한 대재앙을 피하지 못했다. 역사의 심판은 우리보다 더 명확한 관점에서, 이런 사상들이 초자연적인 것을 용인하지 않음으로써 대재앙에 직접적으로 기여했다는 것을 밝혀낼 것이다.

복음주의자는 너무 많은 것을 믿고 있는지 모른다. 그러나 적어도 그의 사상 속에는 위대한 본질이 들어 있다. 이제 근본주의가 에큐메니즘의 관점에서 한 목소리로 말할 때가 왔다. 복음주의자들을 분열시키는 부차적인 요소나 종말론적 편견에 입각하지 않고, 역사적이며 성경적인 전통에서 말한다면 근본주의는 현대 지성을 개조할 수 있을 것이다. 본질적인 것과 본질적이지 않은 것 사이에 갈피를 잡지 못하는 우유부단한 근본주의는 주께도 인정받지 못할 것이며, 죽어가는 수많은 사람들도 그 목소리에 귀를 기울이지 않을 것이다.

개혁주의자인 내 친구들은 근본주의가 일반 은총(common grace)의 교리를 수용함으로써 역동적인 역사 철학을 확보할 필요가 있다고 주장한다. 무천년주의자인 친구들은 무천년설이 지금까지 무시된 핵심적 교리라고 주장한다. 전천년주의자인 친구들은 이것을 피상적 해법이라고 부른다. 다른 이들은 복음주의에 가장 절실하게 필요한 것은 윌리엄 워드 에이어(William Ward Ayer) 박사가 "바리새적 근본주의"라 부른 것을 제거할 영적 부흥이라고 주장한다. 그러나 다행히 교리적으로는 건전하지만 윤리적으로는 건전하지 않은 바리새인 같은 근본주의자들은 그다지 많지 않다. 에이어 박사는 '근본주의의 바리새적 분위기'에 대해 한탄하며 "우리 가운데 사랑과 능력, 넓은 마음과 영혼이 되살아나지 않는다면, 우리는 종교심이 거의 없는 근대주의자들보다 더 실질적으로 믿음을 부인하는 것과 다름없다"라고 경고한다. 다른 이들은 갈등이 가장 고조되는 시점에 현대 지성을 올바르게 인도해 나갈 수 있는 위대한 교리에 집중하도록 함께 결단하는 것이 가장 중요하다고 주장한다.

복음주의자들의 불안은 오늘날 가장 희망적인 징조다. 이를 통해서 개신교 안에서 20세기의 종교개혁을 일으킬 교리가 나올 가능성도 있고, 그 결과 현대의 세속주의 내부에서 전지구적 르네상스가 일어날 수 있기 때문이다. 위대한 교리에 대해 합의하고 있다는 점에서 복음주의는 이미 큰 이점을 가지고 있다. 반면 그 어떤 현대 사상도 이렇게 수많은 사람들이 이렇게 다양한 문제에 관해 의견을 같이하는 경우는 없다. 일치점이 거의 없는 자유주의는 지금 과도기에 와 있다. 자유주의는 인격적인 하나님과 '인격적'이란 말이 상징하는 창조적인 힘 사이에서 결정을 내리지 못하고 갈팡질팡하고 있다. 또한 과학적 방법의 가설성과 예수가 역사의 절대적인 의미라는 주장 사이에서 일관성 없이 오락가락하고 있다. 인간이 본질적으로 선하다는 예전의 견해와 본질적으로 악하다는 견해 사이에서 망설이며 동요하고 있다. 그리고 후자를 채택하면서도 죄에서 죄의 핵심 본질을 제거하고 말았다. 그러나 근본주의에서는 하나님과 창조, 인간론, 구원론, 종말론이라는 주요 교리에 관하여 대체로 의견을 같이하고 있다. 초대교회가 당시 죽어가는 문화를 향해 선포한 것은 바로 구속자이신 살아계신 그리스도를 중심으로 삼는 위대한 교리였다.

현대 지성의 시대에 부차적인 문제에 몰두하는 것은 우리에게 주어진 기회를 놓치는 것과 다름없다. 성경적 초자연주의의 주된 교리가 현재의 갈등에 가장 적합한 해결책이기 때문이다. 히브리-기독교적 메시지의 핵심을 인정하는 것이 가장 시급하다. 지금은 상황이 너무나도 극단적이기 때문에 성경적 관점이 현대의 우유부단한 지성에 미치는 영향력은 그 메시지를 얼마나 즉각적으로 선포하느냐 아니면 선포하지 않고 지체하느냐에 정확히 비례하게 될 것이다.

복음주의의 해답은, 비록 수세기에 걸쳐 여러 방식으로 거부되어 오기는 했지만, 일차적으로 '거부된 가능성'으로만 제시해서는 안 되고, 사람들과 나라들이 예수를 따르기만 한다면 바로 적용할 수 있는 해결책으로 제시해야 한다. 그들이 나중에 그분을 따라야 한다고 말하는 것은 언제나 시의적절한 주장이다. 그러나 지금으로서는, 하나님이 역사를 초월해서 일하실 뿐 아니라 역사 안에서 일하신다는 주장만큼 시의적절하지는 않다.

나사로를 다시 살리신 이야기와 우의적으로 대비할 때, 해체되어 가는 우리의 르네상스 문화라는 무덤 옆에 서 계신 예수의 모습을 더 분명히 이해할 수 있다. 나사로에게 죽음이 닥치고 그로 인해 그 주변 사람들이 슬픔에 잠겼을 때 예수께서 오셔서 "네 오라비가 다시 살아나리라"라고 분명히 말씀하셨다. 그때 마르다는 "마지막 날 부활 때에는 다시 살아날 줄을 내가 아나이다"라고 대답했다(요 11:24). 역사에서 하나님의 역할을 장차 올 심판을 준비하는 것으로 한정하는 근본주의는 나사로의 무덤 앞에서 머뭇거릴 것이다. 그때 예수께서는 "나는 부활이요 생명이니…나사로야, 나오라!"라고 외치셨다.

그렇다면 기본적으로 근본주의가 추구해야 할 과제는 타당한 메시지를 찾는 것이 아니라 오히려 현세적인 초점에 맞추어 구속의 메시지를 전하는 것이다. 기독교는 여전히 최고의 능력과 세계관, 소망을 소유하고 있다. 인간은 열등한 능력과 기독교보다 열등한 철학, 열등한 소망에 의존하는 경향이 있는 반면, 기독교는 언제나 적실하고 앞으로도 그럴 것이다.

개신교 정통주의가 세상의 곤경에 무관심한 채 홀로 남아 있으려 한다면, 그가 감당할 역할은 매우 축소될 것이다. 사도 시대 그리스-로마 세계가 직면한 도전이었든, 종교개혁기의 타락한 중세 가톨릭 교회가 직면한 도전이었든 예전의 문화 위기 속에서 정통주의는 새로운 질서를 향한 투쟁을 선도했으며, 2차적인 혹은 3차적인 역할에 만족하지 않았다. 복음주의의 해법이 종교적 도피에 불과하다면, 그것은 이미 맛을 잃어버린 소금이다.

그리스도가 이 땅에 다시 오심을 확신한다고 해서 우리가 복음을 전해야 할 책임이 줄어드는 것은 아니다. 우리가 내일 들어 올려진다면 어떻게 될까? 하지만 우리는 오늘 여기에 있고, 전세계의 선교지가 우리와 함께 여기에 있다.

6장

새로운
세계 지성을
위한
노력

역사적 기독교가 다시 한 번 세계를 이끄는 중요한 사상으로 역할을 다하고자 한다면, 복음주의는 가장 시급한 세계 문제에 해결책을 제시할 수 있어야 한다. 복음주의는 영적인 목적을 지닌 새로운 세계 지성을 위한 원칙을 제시해야 한다.[1] 복음주의는 국내는 물론 국제적으로도 정치, 경제, 사회, 교육 영역에서 인정받을 수 있어야 한다. 구속의 메시지는 삶의 모든 부분에 영향을 미치기 때문이다. 축소된 삶은 축소된 메시지에 기인한다.

선교적 관점에서 볼 때 복음주의는 미래의 세계 문화를 기독교 문명과 전적으로 동일시할 수 있을 정도로 현대 지성을 개조하지는 못할지 모른다. 세계 전역에서 활력을 되찾기 위해 근본주의가 이제는 자유주의도 폐기해 버린 지상 낙원

---

1) 나의 책 *Remaking the Modern Mind*(Grand Rapids: Wm. B. Eerdmans Publ. Co., 1946)을 보라.

을 다시 꿈꿀 필요는 없다. 인간의 본성과 신약 성경의 진리를 바르게 꿰뚫어 보면 그리스도의 재림 없이 하나님 나라가 세워질 수 없음은 분명하다.

그러나 근본주의는 신-초자연주의자들(neo-supernaturalist)과 고등한 자유주의 진영에서 발견되는 최근의 새로운 경향을 추종하지도 않는다. 이들은 인간이 마치 본래적으로 모순과 실패에 처할 수밖에 없는 운명인 것처럼 그 본성 때문에 어쩔 수 없이 죄인일 수밖에 없다고 생각한다. 이 점에 관해 복음적인 견해와 복음적이지 않은 견해가 갈라지는 까닭은 최초의 인간에 대한 이론(primal anthropology)이 다르기 때문이다. 근본주의자는, 최초의 인간은 하나님의 피조물로서 도덕적인 의를 부여받았으며 그 본성 때문에 어쩔 수 없이 죄인이었던 것이 아니라 의지적인 선택으로 죄인이 된 것이라고 주장한다. 따라서 인간 사회에서 구속의 은총을 받아들일 때 그만큼 더 나은 질서에 대한 소망도 커지게 된다. 신 초자연주의자들과 자유주의자들은 인간의 기원에 관해 진화론적 관점을 채택하고, 인간이 원래의 완전한 상태로부터 타락하여 원죄에 빠지게 되었다는 생각을 폐기했다. 이들의 입장에서는 인간의 불완전함은 곧 유전된 동물적 본능이거나 인간 본성 자체의 한계일 뿐이다. 이런 관점에서는 인간이 자연적 본성에 맞서 더 고귀한 자아를 긍정할수록 그만큼 더 나은 질서에 대한 소망도 커지게 되므로 자유주의는 두 차례 세계대전 이후 이전의 사회복음을 특징지었던 자동적 진보에 대한 믿음을 폐기했다. 예를 들어, 이제 폴 틸리히(Paul Tillich) 같은 이들은 "기독교의 참된 메시지는 결코 유토피아주의가 아니다"라고 말한다.[2] 복음주의는 인간의 진보가 제한되는 것이 인간 본성 자체 때문이 아니라 하나님이 주시는 중생의 은총을 거부하기 때문이라고 믿는다.

그러므로 복음주의는 정의가 궁극적으로 승리할 것이라고 확신하기보다는 하나님의 구속은 어느 시대에든 강력한 영향력을 지닌다는 확신 때문에 침착한 낙관론으로 미래를 바라볼 수 있다. 복음주의가 전적으로 기독교적인 문명을 만들어 내지 못할지도 모른다고 해서, 그것이 곧 그리스도의 구속의 능력으로 가능한 한 많은 영역에서 변화를 위해 노력할 필요가 없다는 뜻은 아니다. 복음의 능력은 여기서는 종교개혁을 일으키고, 저기서는 이교주의를 전복할 수 있다. 그것은 그리스도 예수 안에서 사도들이 승리했듯이 구속의 통로를 만들어 갈 수도 있다. 설령 기독교가 러시아에 새로운 생명을 전하지 못한다 해서 중국에 복음을 전할 필요가 없다고 말하지는 못한다. 또는 스페인에서 종교개혁을 일으키지 못한다

---

2) Van Dusen, Henry P. (Ed.), *The Christian Answer*, p. 44 (New York: Charles Scribner's Sons, 1945).

고 해서 남미에서까지 종교개혁을 일으키지 못할 까닭은 없다. 국제 회의에서 예수를 대변하는 단 한 사람의 목소리가 결정적인 목소리가 될 수도 있다. 세계는 단 한 사람의 거부권이 얼마나 큰 힘을 발휘할 수 있는지를 갑자기 깨닫게 되었다. 강력한 지도자가 강대국에 얼마나 큰 영향력을 끼치는지 분명해졌다. 바울과 같은 믿음을 지닌 단 한 사람의 정치가를 통해서 위대한 복음주의 신념은 세계 정치에 큰 영향력을 행사할 수 있다.

복음주의는 교육에서도 새로운 질서를 세워가기 위해 노력해야 한다. 서구의 공교육 개념은 대중에게 기독교 세계관과 인생관의 본질적이고 주요한 교리를 심어 주고자 한 교회의 노력에 그 기원을 두고 있다. 지난 3세기에 걸쳐 국가가 교회를 대신해 교화 기관의 역할을 꾸준히 해왔으며, 오늘날 세속 교육은 대부분 역사적 기독교가 견지해 온 유신론을 공공연히 혹은 은밀하게 허물고 있다.

이런 상황에서 복음주의는 교육 분야에서 두 가지 변화를 일으키기 위해 노력해야 한다.

첫째, 모든 학문 분과와 초등학교부터 대학교에 이르는 모든 수준에서 비기독교적 관점뿐만 아니라 기독교적 관점에서도 각각의 주제를 적절하게 다루어 낼 탁월한 책들을 개발해야 한다. 교조주의에 대한 반대라는 명목으로, 그리고 이른

바 공정을 기한다는 이유로 근대적 세속주의가 조장한 편견과 선입관이 현대 지성에 익숙한 모든 이들 사이에서 점점 더 자명한 진리로 받아들여지고 있다. 복음주의는 세속 교육에서 다른 지성과 더불어 기독교적 지성도 공평한 발언권을 얻을 수 있도록 노력해야 한다. 플라톤주의나 아리스토텔레스주의, 칸트주의, 헤겔주의 혹은 다른 어떤 것이든지 거의 모든 철학적 관점에 대한 신념을 가진 이들이 자신의 관점을 가르친다. 하지만 대학들은 유독 히브리-기독교적 관점을 고수하는 이들이 자신의 관점을 탁월하게 제시하는 것은 막으려고 애를 쓴다.

둘째, 복음주의는 이제 국가가 교화 기관의 역할을 담당하게 되었다고 해서 대중에게 기독교적 세계관과 인생관을 심어 주어야 할 복음주의적 책무를 소홀히 해서는 안 된다. 이러한 사역을 온전히 감당하려면 교회와 출판사만으로는 부족하다. 복음주의적 학교가 얼마나 중요한지 다시 한 번 깨달아야 한다. 미국의 개신교 교회들은 전후 재건에 수백만 달러에 이르는 돈을 투입할 계획이다. 이런 사업이 전부 정통적인 믿음을 대변하는 것은 아니지만 상당 부분은 그러하다. 해외 선교지에 시급하게 필요한 지출이 많다는 이유로 후방에서의 지출 계획은 혹독한 비판을 받아왔다. 해외 선교지의 필요를 무시하려는 의도는 아니지만, 이런 비판은 비현실적인 경우가 많다고 할 수 있다. 국내 선교와 해외 선교를 구분하는 것은 이미 한 세대나 뒤쳐진 구분 방식이다. 다시 한 번 기독교는 매우 일방적으로 적대적인 환경을 변화시켜야만 하는 사도적인 책무를 앞에 두고 있다. 그뿐만 아니라 교회들이 국내의 재건과 확장을 위해 이 돈을 배정하기로 결정했기 때문에 더 현실적인 계획을 세우는 편이 낫다. 투자의 관점에서 볼 때 평균적인 복음주의 교회의 건물에는 많은 단점이 있다.

복음주의가 건축 계획 전반을 재고해야 할 때가 왔다. 대부분 교회 공동체는 두 차례 주일 예배와 혹시 있다면 한 차례 주중 기도회를 제외하고는 사용하지 않는 예배당을 짓는 데 엄청난 비용을 지출한다. 일반적인 관리자의 입장에서 볼 때 엄청난 비용을 들여 지어 놓은 시설을 이렇게 비효율적으로 사용하는 것은 심각하게 균형이 맞지 않는 투자다. 더 나은 관리를 통해 현재의 위기에서 벗어날 수 있다. 예배의 목적으로도 사용할 수 있고 일주일 내내 세상의 교육 기관보다 탁월한 프로그램을 제공할 수 있는, 멋진 강당을 갖춘 복음주의 교육 시설을 짓는 것이 해결책이 될 것이다. 그리스도인 교사들의 수가 그다지 많지는 않다는 사실도 이런 프로그램이 필요한 이유가 된다. 분명히 이제는 전면적인 복음주의적 교육 운동을 시작할 때이며, 기민한 교회들은 자금의 투자를 재검토할 것이다. 최고의 학문적 수준을 갖춘 복음주의 초·

중·고등학교와 대학교를 운영할 때, 문화를 보존하는 데 필요한 유일하고도 적합한 영적 기초인 기독교 세계관과 인생관이 젊은 세대의 사고 속에 확고히 자리잡게 될 것이다. 현재 미국에 세속적 대학교를 가능하게 했던 자원은 애초에 이러한 비전을 가진 복음주의자들에게서 나왔다. 비록 근대주의와 인본주의라는 외피로 둘러싸이기는 했지만 이러한 비전을 이루는 것은 여전히 복음주의의 몫이다. 거기에 희생이 따른다 하더라도 예수 그리스도께서 못마땅해 하지는 않으실 것이다.

이러한 교육은 내세적이기만 해서는 안 되며, 동시대적인 복음으로 모든 사람과 모든 나라에 영향을 미쳐야 한다. 이러한 교육은 교회의 가장 중요한 책무가 개개인의 삶에 도전하는 것이며, 그런 개개인의 수가 너무나도 많기에 이 책무는 전지구적일 수밖에 없다는 사실을 잊지 말아야 한다. 현재의 체코슬로바키아와 폴란드, 영국의 국경에서 히틀러의 위협을 느끼고 그리스의 국경에서 무솔리니의 위협을 느꼈던 것처럼, 세계는 인류 문명의 끄트머리에서 사람들에게 영적인 결단을 촉구하시는 예수님과 그분이 주신 구원의 약속도 접해야만 한다.

거듭나지 않은 이들까지도 기독교의 기준에 따라 움직이고 그 영향력을 인정할 수 있도록 그리스도인의 삶은 거듭난 이들의 모든 활동 영역 속에서 구현되어야 한다. 거듭나지 않은 사람은 구속받지 못한다. 그럼에도 불구하고 이들은 기독교적 기준에서 고의적으로 이탈한 사람들보다 그리스도를 더 쉽게 붙들 수 있을 것이다. 그들은 기독교 윤리를 지키는 데 꼭 필요한 기독교 형이상학을 기억할 것이기 때문이다. 한 사회가 기독교 신념에 많은 감화를 받을수록 그만큼 더 기독교 확장에 우호적인 환경이 조성된다.

복음주의는 이제 정치 영역에서도 뒤로 물러나서는 안 된다. 하나님을 부인하는 신념을 가진 사람들에게 세상의 정치를 맡기지 않으면서도 침례교인처럼 교회와 국가의 분리를 지지할 수 있다. 로마 가톨릭 교회에서는 국제외교직을 담당할 후보자들이 독특한 비전을 품을 수 있도록 훈련해 왔다. 즉, 오늘날 세상에서 외교는 다른 어떤 분야 못지않게 중요하다는 것이다. 사회가 전체주의적인 절대주의나 고립주의적인 개인주의로 흘러갈 때 복음주의는 침묵하고 있을 수 없다. 구속의 요소가 제거된 민주주의 생활방식에 만족하고 있을 수도 없다. 언제나 복음주의는, 생명력 있는 공동체의 참된 중심은 예수 그리스도께서 성취하신 구속의 사역을 통해 계시된 하나님이라고 선포한다. 우주의 참된 주를 무시하는 왕권은 불법적인 왕권일 뿐이라고 주장한다. 인간의 참된 가치는 오직 구속이라는 맥락 안에서만 보장된다고 말한다. 하나님에게서 벗어나려는 세속적인 자유는 인간이 추구해야 할 정당한 자유에 속하지 않는다고 말한다. 살아계신 구속자라는 초월적이며 영적인 토대가 없다면 어떤 정부도 해체의 위협을 극복할 수 없다고 주장한다.

오늘날 흔히 그런 것처럼, 복음주의자들은 공산주의나 사회주의가 전체주의의 오류나 민주주의의 부족함을 적절히 교정할 수 있다고 착각하는 실수를 범해서는 안 된다. 본질적인 구속의 메시지를 놓치고 있다면 그 어떤 정치 체제나 경제 체제도 유토피아를 보장할 수 없다. 구속론적 전체주의가 그렇지 않은 민주주의보다 훨씬 더 낫다. 구속론적 공산주의가 그렇지 않은 자본주의보다 훨씬 더 유익하며, 그 반대의 경우도 마찬가지다. 정치, 경제적 제도를 통해 문제를 해결할 수 있다는 주장에는 구속의 메시지가 빠져 있다. 복음주의의 책무는 이것을 다시 선포하는 일이다. 아무리 경제적인 재조직화를 통해 절대주의와 개인주의의 대립을 극복한다 하더라도 그 자체를 하나님 나라와 동일시할 수는 없다. 그뿐만 아니라 구속론의 맥락에서만 이러한 대립을 완벽하게 극복해 낼 수 있다. 공산주의는 파시즘보다 개인의 권리에 더 많은 관심을 기울일지 모르지만, 민주주의적 생활방식을 기독교 문화와 동일시할 수 없는 것처럼 공산주의도 기독교 문화와 동일시할 수 없다. 기독교의 독특성은 구속의 메시지에 있으며, 지칠 대로 지친 세상 문화가 그토록 절실하게 필요로 하는 것도 바로 이 구속의 메시지이기 때문이다.

중요한 세상 문제에 관해 목소리를 내지 않는 한, 사람들은 복음주의가 그런 문제에 관심이 없다고 생각할 것이다. 하지만 복음주의가 구속론적이지 않은 방식으로 이런 문제를 해결하려고 하는 것 역시 정당화할 수 없다. 이런 시도를 해 왔지만 해결할 능력이 없음을 깨달았을 뿐이다. 복음주의는 이제 구속론에 입각하여 세상의 문제에 대해 발언해야 한다.

효율적인 국가 연합 기관을 통해서 세계 평화를 이루기 위해 노력할 수 있지만, 그것은 평화에 대한 최선의 보증이 아니며 항구적인 보증도 될 수 없다. 원자폭탄에 대한 비밀을 공유하는 것으로 국가 간의 의심을 제거할 수 있을지 모르지만, 그것은 원자폭탄을 제거하는 최선의 수단이 아니며 영구적인 해결책도 아니다. 전세계의 헐벗고 굶주린 수많은 사람들에게 식량과 옷을 희생적으로 나누어 줌으로써 무수한 생명을 살릴 수 있을지 모르지만, 그것으로 인간 존재를 의미있게 해 주는 초월적인 생명까지 줄 수는 없다. 노동자의 임금을 개선하여 노사관계의 불평등을 일부 해소할 수 있을지 모르지만, 그것으로 경제적인 것을 초월하는 인간의 욕구까지 만족시킬 수는 없다.

이런 노력만으로는 정말로 중요한 목적을 성취할 수 없

다면, 복음주의자는 과연 세상의 뿌리 깊은 문제를 해결하려는 현대인들의 노력에 대해 어떤 태도를 취해야 할까? 이 문제에 대해서는 좀 더 면밀히 검토해 볼 필요가 있다.

복음주의자에게 구속론이라는 틀이 필요하다는 점에는 의심의 여지가 없다. 그러나 그 틀 밖에서 그보다 열등한 개혁을 위해 노력하는 이들은 복음주의자가 정의의 편에 서기를 기대한다. 그렇다면 복음주의는 어떤 태도를 취해야 하는 것일까?

7장

복음주의적
'항의의
형식'

복음주의 사상은 앞으로 올 하나님 나라가 현 세계를 위한 잠정적 프로그램을 대체하지 않는다고 앞서 주장한 바 있다. 복음주의에서 말하는 이러한 동시대적 프로그램은 (1) 전지구적 문제를 해결하려는 모든 노력을 포괄하는 구속론의 맥락에 근거를 두며, (2) 사회적이든 개인적이든 모든 도덕적 악에 대해 절대적으로 반대하고, (3) 그 어떤 다른 사상 체계보다 더 높은 윤리적 기준을 제시할 뿐만 아니라 그리스도 안에서 인류를 최고 수준의 도덕적 성취에 이르게 하는 능력까지도 제공한다.

그러나 앞서 살펴보았듯이 현재 복음주의는 도덕적 악을 공격하는 선봉에 서지 못하고, 오히려 복음적이지 않은 인본주의적 운동이 새롭고 더 나은 세상을 만들기 위한 노력에 앞장서고 있다. 대부분의 경우 복음주의적이지 않은 단체들이 건설적인 사회 프로그램을 주도하고 있다.

그러나 지상 낙원에 대한 비전이 붕괴한 이 시점에 복음주의적이지 않은 진영은 엄청난 혼란에 빠져 있다. 복음주의자가 아닌 이들의 확신은 흔들리고 있다. 자유주의자들은 새로운 초자연주의로 올라가거나 인본주의로 내려가고 있다. 어떤 인본주의자들은 비관주의에 빠진 반면, 조급하게 서두르는 이들도 있다.

이로 인해 복음주의자들은 세계를 향한 사회 프로그램과 당혹스러운 결별을 한 이래 새로운 세계 질서를 추구하는 데 있어 마땅한 지도력을 회복할 수 있는 가장 좋은 기회를 맞이했다. 실패가 예정되어 있음을 확신한다고 해서 선교의 의무마저 자동적으로 사라지는 것은 아니다. 모든 것에서 다 승리하려는 시도가 부질없다고 해서 삶의 중요한 몇 가지 영역에서 승리하려고 노력하는 것마저 쓸데없는 일이 되는 것은 아니다. 지금이야말로 세계를 향한 복음주의 프로그램을 실행하기에 가장 좋은 때다.[1]

그러나 구체적으로 구속론을 표방하지 않거나 종종 초자연적인 구속론에 대해 적대적인 맥락에서 사회악을 제거하려고 노력하는 이들과 복음주의자들이 협력하고 있다는 사실은

---

[1] 그리스도인의 사회적 책무를 구체적인 상황과 연결시키는 것이 어렵다는 점에 관해서는 고등한 자유주의를 주창하는 이들도 인정하는 바다. 존 베넷은 *Christian Ethics and Social Policy*의 2장에서 이런 문제를 제기하고 있다. 그러나 어렵다고 해서 문제 자체에 무관심해도 되는 것은 아니다.

한 가지 어려운 문제를 제기한다. 복음주의자들이 구속론에 입각하지 않은 채 문제해결을 위해 노력하는 것은 허사일 수밖에 없다고 확신한다면, 어떻게 해야 이런 상황에서 일관된 태도를 취할 수 있을까? 이것은 대답하기 쉬운 문제가 아니다. 나는 이에 관해 예비적인 검토밖에 제시할 수 없다. 그러나 이것은 분명히 사도적 교회가 당면한 과제이며, 서양 문화가 초자연주의에서 이탈(desupernaturalization)함에 따라 이 문제의 심각성도 더 커지고 있다. 이 시점에서 최고의 복음주의 사상이 이 문제에 몰두하고 있는 것도 당연한 일이다. 복음주의 신학교와 대학교에서 근본주의 지도자들은 전후 위기 상황에서 명확하게 인식하기 시작한 사회 문제를 어떻게 해석할 것인지를 결정할 것이다. 인간 활동의 모든 영역에 존재하는 죄와 사망의 문제에 대한 답변을 갖고 있지 못하다면 오늘날 상황에 적합한 사상이라고 말할 수 없다. 이런 문제에 직면해 복음주의 지성이 복음의 적실성에 대해 확신한다면 그에 걸맞은 만족스러운 해결책을 제시하기 위해 노력해야 한다.

비록 예비적 수준이기는 하지만 몇 가지 관련 사항을 검토하는 것으로 궁극적인 해결책을 도출하는 데 기여할 수 있다. 분명히 기독교는 꼭 필요한 사회 개혁에 대해 반대해서는 안 된다. 오히려 개혁을 위한 노력의 최전선에 서야 한다. 기독교가 역사의식을 지녔다면, 구속론을 토대로 개혁을 위해 노력해야 한다. 사회 개선을 위한 다른 모든 토대는 본래 취약할 수밖에 없으며 스스로 유지될 수 없다고 확신하기 때문이다.

복음주의자는 복음적이지 않은 해결책을 거부한다는 핑계로 세상의 악에 맞서 싸우기를 포기해서는 안 된다. 복음주의자의 사상은 그런 악에 단호하게 반대하기 때문에 복음주의자는 모든 가치 있는 개혁 운동에 '협력'해야 할 뿐만 아니라 그들에게 바른 지도력을 제공할 수 있어야 한다. 복음주의자는 모든 사회악을 절대적으로 비판하는 동시에, 유일하고 지속적인 해결책은 구속론의 토대 위에서만 발견할 수 있다고 주장해야 한다. 복음주의자는 침략 전쟁과 정치적 자연주의, 인종적 편견, 금주법을 비웃는 주류 유통, 노사 간 불평등, 그 밖의 모든 잘못과 맞서 싸우는 일에 인본주의자나 종교적 근대주의자들보다 더 적극적으로 임해야 한다. 그리고 복음주의자는 이를 위해 적극적으로 노력하면서도 유일하고 올바른 해결책은 그리스도 예수 안에 있는 구속이라는 사실을 분명히 지적해야 한다. 나는 이것이야말로 진정한 복음주의적 방법론이라고 생각한다. 앞으로 이루어야 할 어려운 과제는 이러한 방법론을 적용하여 내용으로 형식을 채우는 것이다.

복음주의적 행동이 역사적 기독교를 믿는 유신론자들, 즉 사회적 프로그램의 필요성뿐만 아니라 그런 개혁이 이루어질 수 있는 구속론이라는 해석틀에 관해서도 의견을 같이하는 사람들만으로 구성된 운동이나 조직을 통해서만 이루어지지는 않는다. 그러나 이런 사람들 사이에서도 사회 문제에 관해 기독교의 메시지를 적용하고자 하는 노력이 미미하게나마 일어나기는 했다. 왕성한 사회적 관심을 유지해 왔거나 기울이기 시작한 개혁주의 진영 그리고 남침례교총회(Southern Baptist Convention)와 같은 일부 보수적인 교단도 있다. 그러나 교회가 구속론을 통해 사회 참여에 대한 열정을 회복하기 위해서는 큰 변화가 필요하다.

　하지만 다양한 사람들로 구성되어 종종 종교적 성격까지 띤 대규모 모임에서는 사회 개혁의 문제가 훨씬 더 복잡해진다. 이를테면 복음주의자와 자유주의자, 인본주의자가 함께 일해야 하는 경우도 있다. 이런 단체에서 다른 사람들이 악을 비판할 때에 복음주의자는 침묵할 수 없다. 하지만 그렇다고 복음적이지 않은 관점을 그대로 용인할 수도 없는 노릇이다. 그러므로 복음주의자가 취해야 할 태도는, 다른 모든 집단처럼 모든 사회악을 적극적으로 비판하면서도 (1) 복음주의자가 다수일 때는 그러한 비판과 더불어 구속이라는 기독교의 메시지가 유일하고 참된 해결책임을 지적해야 하며, (2) 복음주의자가 소수일 때는 사회악에 대한 공격에 진심으로 동조하며 "항의의 형식"으로 악에 대한 반대를 천명하는 동시에 중생이라는 맥락 속에서만 이런 악을 영구적으로 교정할 수 있다고 주장해야 한다. 그러므로 복음주의자들은 악에 대해 단호히 반대하며, 복음주의자로 구성된 집단에서든지 그렇지 않은 집단에서든지 구원자이신 예수 그리스도의 이름으로 악에 반대해야 한다. 이렇게 하여 복음주의 정신을 회복할 수 있다. 이러한 항의가 그저 소수의 의견에 그치지 않게 하기 위해서 어떻게 해야 이런 항의를 긍정적인 방식으로 천명할 수 있을지에 대해서는 더 많은 연구가 필요하다. 이에 관해서는 복음주의 확신을 제대로 전하면서도 민주주의 의사 절차의 모든 조항을 지혜롭게 활용할 수 있어야 한다. 교회라는 틀에 속박되는 것에 불편함을 느끼는 근본주의자들은 보통 무엇을 제안하느냐보다는 무엇에 반대하느냐에 더 예민하다.

근본주의자들 중에는 복음주의자가 어떤 개혁 운동에서든 복음주의자가 아닌 이들과 연합할 권리가 없다고 즉각적으로 반박하는 이들도 있다. 각각 그 조직과 상황이 서로 다른 현재의 대규모 교단 안에서 복음주의자가 그리스도께 온전히 충성하는 것이 가능한지 아닌지를 평가하는 일은 이 책의 범위를 벗어난다. 분명히 복음주의자는 그 어떤 충성의 요구보다 그리스도 예수의 명령을 우선할 것이며, 각자 자신의 양심에 따라 자신의 교단이 그리스도에 대한 충성에 적합한지 아닌지를 판단해야 한다. 그러나 그리스도에 대한 절대적인 충성이 엄청난 세상의 악을 묵인하는 것과 같다는 식으로 해석해서는 안 된다.

교단 내의 문제를 제외하고라도, 복음주의자는 자신이 살고 있는 문화가 사실상 기독교적이지 않기 때문에 그만큼 사회 개혁을 위해 복음주의자가 아닌 이들과 연합할 수밖에 없는 것이 사실이다. 복음주의의 세력이 압도적이지 못하기 때문이다. 복음주의자가 복음적이지 않은 환경에서 자신의 신념에 대해 이야기해서는 안 된다고 말하는 것은 복음주의에게서 선교의 비전을 빼앗는 것이나 다름없다.

복음주의자는 선한 목적을 이루는 데 있어서 어떤 단체가 구속의 메시지를 명시적으로 배제하는 경우에만 그 단체와 사회 개선을 위해 협력할 수 없을 것이다. 그런 단체 안에 있는 복음주의자에게 민주적 의사 과정에서 소수자로서 행동할 권리를 주지 않는다면, 그는 독립적으로 행동할 수밖에 없다. 복음주의가 복음의 정신을 되찾고자 한다면 행동해야 한다. 복음적이지 않은 집단에서 복음주의자는 예수가 지닌 구속의 능력을 증언할 기회를 얻어야 한다. 자신의 신념 때문에라도 그는 항의 없이 자신의 입장보다 열등한 어떤 것에 찬성해서는 안 된다. 용인된 악에 대한 공격을 지원하는 일을 아예 거부하는 것보다 항의하며 참여하는 것이 자신의 신념을 더 분명히 표명하는 방법이다. 아예 참여하지도 않는다면 그것은 구속자께서 서슴없이 비판하시는 악에 대한 반대를 암묵적으로 철회하는 것이나 다름없기 때문이다.

그런데 사실 근본주의자들은 '순수한 복음주의'를 추구하기 위해 대규모 교단으로부터 탈퇴하면서 오히려 사회를 향한 비전을 상실한 채, 점점 더 복음에 적대적으로 변해가는 환경에서 구속의 메시지로 개개인을 구하는 데에만 치중하는 경우가 적지 않다. 요점은 근본주의자들이 교단에서 이탈함으로써 사회문제에 무관심해질 수밖에 없었다는 것이 아니라, 그들이 복음적인 공교회성(evangelical ecumenicity)을 포기하고 대신 어떠한 영웅적이며 순수한 희생을 치르더라도 국내외에서 개별적인 선교의 노력으로 적대적인 환경을 '돌파'하겠다는 파편화된 고립주의를 선택하는 경우가 자주 있다는 것이다.

그러므로 복음주의자는 자신이 속한 교단이 자유주의와 긴밀한 관계를 맺고 있어서 사회적으로 무관심해졌다고 주장할 수 없다. 자유주의와 전혀 교류하지 않는 근본주의 교회들조차 다른 교회와 마찬가지로 사회 개혁 운동을 하지 않는 경우가 많기 때문이다. 흥미롭게도 자유주의와 교류하는 일부 근본주의 교회들이 순전히 복음주의적 환경 속에 있는 많은 교회들보다 훨씬 더 공교회성을 의식(ecumenical awareness)하고 있다.

그러나 복음주의적 신념에 통일된 목소리가 필요한 것은 여전히 사실이다. 미국교회협의회와 미국복음주의협회가 소위 현대판 안디옥에서 만나 베드로와 바울처럼 얼굴을 마주하고 서로 사랑하고 공감하는 마음으로 대화하지 않는 한, 구속의 메시지는 현대 사회에서 사도적 능력을 발휘하지 못할 것이다. 흔히들 말하는 것처럼 연방교회협의회가 미국의 개신교 자유주의를 대변하는 목소리라면, 개신교 복음주의에도 역시 통일된 목소리가 필요하다. 그러한 일치를 이룰 때 복음주의 단체 사이에 존재하는 경쟁의 분위기를 넘어서 하나님의 영광을 드러내고 복음을 증언하는 일에 큰 진척을 이룰 수 있을 것이다. 이런 일치를 이루지 못한다면, 그에 대한 책임이 가장 큰 집단은 필연적으로 쇠망하고 말 것이다.

8장

새로운
종교개혁의
여명

세상의 어려움이 클수록 역동적인 복음주의 역시 절실하게 요구된다. 지금은 네로의 로마처럼 들떠있는 시대이며 누가의 마케도니아처럼 즉각적인 관심이 필요한 시대다.

오늘날 고통당하는 인류의 울부짖는 소리가 곳곳에서 들려온다. 인간의 전체적인 상황을 무시하는 복음주의는 감히 기독교의 이름으로 세상의 고통에 대응할 수 없다. 비록 현재의 위기가 기본적으로 정치, 경제, 사회적인 것이 아니라 근본적으로 종교적인 위기이지만, 복음주의는 자신이 제안하는 종교적인 해결책이 현대인의 삶에서 정치, 경제, 사회적 맥락에 대해 무엇을 의미하는지 증거할 수 있도록 준비를 갖추어야 한다.

아무리 망가졌다고 하더라도 세상이라는 토기에는 토기장이의 솜씨가 아직도 남아 있다. 하나님은 전지구적인 대재앙 속에 단 한 명의 증인도 남겨두지 않고 떠나지는 않으셨다. 하나님은 역사의 승리뿐만 아니라 비극 속에서도 자신을 드러내신다. 역사를 초월해서도 일하시지만 역사 안에서도 일하신다. 성령은 모든 문화와 모든 개인의 삶에 침투하셔서 그들을 만나 주신다. 구속의 복음이 새로운 창조를 이루지 못하는 곳에서조차 역사 안에서 일하시는 하나님의 건설적인 사역이 진행되고 있다. 기독교 메시지는 이 땅에 소금과 같은 영향을 미친다. 거기에는 사회를 새롭게 창조하려는 목적이 있다. 이를 거부하는 곳에서는 종종 상대적으로 고등한 사상이 저등한 사상을 대체하도록 격려한다. 민주주의적 인본주의는 비록 정치적 자연주의로 퇴보하는 경우도 있지만 인간의 실존에 후자보다 더 나은 조건을 제공한다.

현대 복음주의는 일차적인 목표를 "상대적으로 더 고등한 문명"을 건설하는 것으로 수정할 필요가 없다. 그렇게 한다면 그것은 과거에 자유주의가 저지른 오류를 되풀이하는 것에 불과하다. 복음주의 최고의 목적은 죄인인 인류에게 구속의 은혜를 선포하는 것이다. 근본주의는 실패한 자유주의 사회복음을 다시 끌어안을 필요가 없다. 하나님의 질서에는 사회를 개선하고 자연적 조건의 외부에서 사회로 침투해 들어와 인류를 새롭게 하는 초자연적 원리, 창조적 힘이 있다. 정치, 경제 또는 사회 모든 문제에 대한 유일하고 참된 해답은 이렇게 하나님이 자신을 속이는 죄인된 인간을 뒤엎으시는 데에 있다. 정치적 불안이 있는가? 공화당의 승리나 노동자의 승리가 아니라 먼저 하나님 나라와 그분의 의를 구하라. 그러면 꼭 공화당이나 노동자의 승리가 아닐지는 모르지만 정치적 안정까지 더해 주실 것이다. 경제적인 불안이 있는가? 결국 물가 상승으로 이어져 다시금 치열한 갈등을 유발하고 마는 노동자의 임금 인상이나 노동 시간 단축이 아니라 먼저 하나님의 의를 구하라. 하나님의 의라는 기준은 노사 모두에게 공정함을 요구할 것이다. 그러나 그렇게 하면 인간의 경제적인 문제가 해결될 뿐만 아니라 영적인 문제까지도 해결될 것이다. 영적 불안이라는 문제를 해결하지 않으면 현대 문명 속에서 참된 안식을 누릴 수 없다. 다시 말해, 구속의 복음은 지친 현대 사회에 가장 적합한 메시지인 반면, 우리가 해결책이라고 여기는 다른 많은 방법들은 기껏해야 부적합할 뿐이다.

하지만 그렇다고 상대적으로 더 나은 선을 이루기 위해 다른 이들과 협력할 수 없다는 말은 아니다. 그런 해결책이 부적합하고 불안정하다고 우리가 제대로 경고해 줄 수만 있다면, 그것은 우리가 인류에게서 이끌어낼 수 있는 최선의 노력이 될 것이다. 하나님이 거듭난 이들에게 초자연적 중생의 은총을 주신다고 말한다고 해서 그분이 거듭난 이들과 그렇지 못한 이들에게 동일하게 베푸시는 일반 은총(natural grace)

을 부인하는 것은 아니다. 특별 은총의 영역은 일반 은총의 영역을 배제하지 않는다. 마찬가지로 교회는 구속의 메시지를 소홀히 하지 않으면서도 그 메시지로 거듭난 신자들만이 아니라 거듭남에 대한 헌신이 부족한 이들까지 섬길 수 있다.

이것이 복음주의에게 어떤 의미인지는 명백하다. 복음주의는 모든 형태의 악에 가차없이 맞서 싸워야 한다. 우리는 정치와 경제, 과학, 윤리 분야에서 적을 뒤쫓아야 한다. 모든 곳에서 모든 분야에서 우리는 끊임없이 싸워야 한다. 그러나 우리가 적을 골라냈을 때, 즉 그의 동료들이나 그가 잘못 이끌었던 무리로부터 그를 뽑아냈을 때, 우리는 복음의 갑옷을 단단히 조여매고 그 적과 정면으로 맞서야 한다. 다른 이들은 부적합한 무기로 적에게 맞설지 모른다. 그들은 원수의 본질도, 승리를 위해 필요한 요건도 제대로 이해하지 못한다. 우리는 그들과 함께 싸우지만 그러면서도 원수를 더 정확히 파악하고 구속의 원리를 더 정확히 해명하려고 노력한다.

기독교적 요소와 비기독교적 요소가 뒤섞여 나타난 이러한 하위-기독교적(sub-Christian) 환경은 하나님의 절대적 요구를 충족하지는 못하지만 구속의 메시지를 거의 전적으로 결여한 분위기보다는 더 낫다고 할 수 있다. 철저하게 자연주의적인 분위기보다는 관념론적 분위기에서 기독교의 핵심 메시지를 선포하는 것이 훨씬 더 쉽다. 생명은 관념론적 환경에서 더 많은 의미를 지닌다. 자연주의적 환경에서는 그 참된 의미가 사라져 버리기 때문이다. 그러나 관념론이라는 우호적인 분위기에서는 풍성한 생명을 선포하기가 더 쉽다. 비록 이 둘 모두 하나님 나라와 동일시할 수는 없지만, 앵글로-색슨의 민주주의가 독일의 전체주의보다 상대적으로 더 나은 환경이다. 게다가 그 안에는 히브리-기독교적 사상의 흔적이 남아 있기도 하다.

구속이라는 맥락과 별개로 사회적, 도덕적, 정치적 상황을 바로잡는 것을 일차적 목표로 삼는 것이 그리스도인의 책무는 아니지만, 악에 반대한다는 이유만으로도 그리스도인은 구속에 대해 특별히 반대하지 않는 환경 속에서 이런 악을 바로잡으려는 노력을 지원하고, 동시에 구속이라는 해결책이 결여되어 있음도 비판해야만 한다. 미국의 분위기에서는 기독교 유신론의 영향력이 여전히 상당한 활력을 지니고 있으며 광범위하게 퍼져 있어 일반적인 해결책은 그 성격이 반구속론적이라기보다는 비구속론적이라 할 수 있다. 이렇게 복음을 강조하면서도 세속과 협력하는 방식으로 국제 연합 기구들과 협력하여 침략 전쟁을 비판하는 동시에, 이런 반전 운동이 이루어지는 준거틀에 대해 이의를 제기할 수 있을 것이다. 마찬가지로 인종 차별적인 증오와 편견을 비판하는 동시에, 인간이 거듭나야 함을 간과하는 피상적인 인간관에 대해 비판할 수도 있다. 또한 주류 유통에 대해 비판하는 동시에, 법으로는 사람의 마음을 바로잡을 수는 없다고 주장할 수 있다. 기업의 노사 관계에서 정의를 추구하면서도, 인간의 가장 심층적인 욕구를 경제적인 것으로 보는 잘못된 생각에 항의할 수 있다. 이렇게 함으로써 기독교의 긍정적인 메시지와 세상의 가장 심각한 문제들에 대한 구속론적 도전을 연결 지을 수 있다. 기독교 윤리는 공동체의 선을 유신론과 계시에서 분리한 어떤 것으로 축소하는 것에 대해 언제나 저항할 것이다. 기독교 윤리는, 복음적이지 않은 인본주의는 제대로 된 능력이 없기 때문에 세상에서 어떠한 영속적인 도덕적 개선도 성취할 수 없을 것이라고 확신하며, 그만큼 더 강력하게 기독교적 해결책을 주장하게 될 것이다.

복음주의 행동은 여기에서 그치지 않는다. 이것은 시작에 불과하다. 최근 몇 년 동안 복음주의적이지 않은 단체들을 너무나도 단단히 사로잡고 있는 현대 사상의 오류 가운데 하나는, 해결 방법을 제시한 "결의문을 통과시키거나 책을 한 권 쓰기만" 하면 구원에 이르는 길이 저절로 열릴 것이라고 생각하는 것이다. 그러나 그것은 결의문이나 책으로 그치는 경우가 부지기수다. 서양 문화가 급속히 몰락으로 치닫던 지난 몇 년 동안 관념론과 인본주의에 입각하여 구원의 해법을 제시하는 각종 결의문들이 넘쳐 났다. 복음주의 부흥에도 똑

같은 위험이 도사리고 있다.

복음주의자의 책무는 무엇보다 초자연적인 하나님의 은총으로 개개인이 거듭날 수 있도록 복음을 선포하는 것이다. 그리하여 하나님의 구속이 개인적이든 사회적이든 우리 문제에 대한 최선의 해결책임을 인정하는 것이다. 하나님의 구속은 역사 안에서 성령의 거듭나게 하시는 사역을 통해 국내외의 경계를 초월하는 하나의 거룩한 사회를 만들어 낸다. 신자들은 성결한 삶과 공동체적 증언을 통해 모든 영역에서 악을 초월하는 하나님의 능력을 이 세상에 드러내 보여 주어야 한다. 이 시대의 사회 문제는 사도 시대보다 훨씬 더 복잡하지만, 그렇다고 해서 그 원리까지 다른 것은 아니다. 1세기 교회가 이교적인 이웃들에게 손을 내민 것처럼 20세기 교회가 자신을 둘러싼 환경 너머로까지 제자도의 삶을 살아낼(out-live) 때, 현대 지성은 다른 해결책을 찾아내려고 궁리하기를 멈추게 될 것이다. 현재의 가장 심각한 문제는 도덕적이며 영적인 문제다. 이런 문제를 풀기 위해서는 원리 이상의 것이 필요하다. 복음주의자는 자신이 믿는 메시지가 절대적이라고 확신한다. 그러므로 사회악을 공격하면서도 이 메시지를 선포하지 않는다면 그것은 완전히 모순일 뿐이다. 그러나 현재의 분위기에서는 세계관으로서의 기독교보다는 인생관으로서의 기독교에 대해 먼저 반응할 가능성이 훨씬 더 크다. 물론 복음주의적 관점에서 이 둘은 분리할 수 없다. 그러나 복음주의 적이지 않은 관점에서 보자면, 오순절의 불세례가 임하여 세계 선교에 나서고 하나님의 능력이 넘치는 기독교 공동체를 이루게 될 때 현대 복음주의의 불편한 양심을 통해 새로운 종교개혁이 일어나게 될 것이다. 그리고 이번 종교개혁은 모든 교파에 그 영향력을 미치게 될 것이다.

해설

_김회권(숭실대 기독교학과 교수)

「복음주의자의 불편한 양심」의 배경, 미국 근본주의 신학

칼 헨리(Carl Ferdinand Howard Henry, 1913-2003)가 1947년에 쓴 책 「복음주의자의 불편한 양심」(*The Uneasy Conscience of Modern Fundamentalism*)은 19세기 자유주의의 낙관주의적 세계관을 논박하며 동시에 근본주의자들의 현실도피적 경직성과 분리주의적 자폐성을 비판한다. 이 책은 성경의 히브리-기독교적 사상이 모든 현대의 문화와 정치적 쟁점들에 대해 효과적인 대안을 제공한다고 주장한다.

이 책을 이해하려면 먼저 19세기 말과 20세기 초에 일어난 미국 근본주의 신앙운동을 이해할 필요가 있다. 기독교 근본주의는 진화론과 이성주의적 신학양상에 맞서 초자연주의적 기적과 대속론적 기독교 신앙 등을 옹호하는 극단적인 보수신앙 운동을 가리킨다. 이 근본주의의 목적은 자유주의 신학, 독일의 고등비평, 다원주의 그리고 기독교 신앙에 해를 끼치는 다른 사조들로부터 정통 개신교신학과 신앙을 옹호하는 데 있었다. 이 흐름에서 1910년에 열린 미국 장로교 총회는 마침내 성경의 성령 영감성과 성경무오성, 그리스도의 동정녀 탄생, 그리스도의 대속적 죽음, 그리스도의 육체부활 그리고 그리스도가 행하신 이적들의 역사성을 정통기독교가 사수해야 할 다섯 가지 핵심 신조로 규정했다. 1910년대 말부터 이 다섯 가지 신조를 중심으로 모이기 시작한 사람들이 근본주의자들이다.

칼 헨리는 이 근본주의자들 중에서 현대적 쟁점들에 대한 성경적 대안을 적극적으로 모색하고 세상을 향해 기독교 신앙의 적실성을 입증하려는 사람들을 특정하여 복음주의자라고 부른다. 근본주의의 기본확신은 공유하면서도 사회문제에 개방된 마음을 갖고 세상관여적이고 문화변혁적인 입장을 천명하는 근본주의가 복음주의인 것이다. 저자는 자신을 복음주의자라고 규정하면서, 복음주의는 전통적인 기독교 신앙을 적대시하는 현대의 여러 사조들과 세계관들에 대항하여 복음의 적실성과 문화변혁적 능력을 증시(證示)할 의무가 있다고 강조한다. 본서는 여덟 장에 걸쳐 이 중심논제를 논증하고 있다.

한국의 그리스도인들에게 주는 도전

"1장 근본주의 안에서 사라진 박애주의"에서 저자는 1, 2차 세계대전 이후 "세계는 필연적으로 진보할 것이며 인간은 본질적으로 선하다"고 주장해 온 자유주의 신학이 처한 곤경을 자신들이 약진할 기회라고 생각하는 근본주의자들의 안이한 현실인식을 비판한다. 저자는 파괴적인 전쟁, 인종 간의 혐오와 편견, 금주법을 비웃는 주류 유통, 노동자 착취와 같이 모두가 인정하는 사회악에 근본주의 개신교가 아무런 해결책을 제시하지 못하는 곤경 앞에 양심의 가책을 느낀다고 고백한다. 근본주의 개신교가 거의 전적으로 개인의 죄에 대해서만 책망할 뿐 사회악에 대해서는 관심을 기울이지 않았다는 것이다. 저자가 보기에 초자연주의를 성경적 관점의 본질적 부분으로 간주하고 성경을 신봉하는 개신교 근본주의의 문제점은 사회적 무책임에만 그치지 않는다. 더 큰 문제는 인류의 양심에 작동하는 보편적 박애주의도 상실해 버렸다는 점이다. 근본주의는 인간의 본성에 대해 너무나도 비관적인 관점을 취하고 있어서 세속사회를 하나님 나라의 질서에 가깝게 개혁하려는 열망을 품지 못한다는 것이다. 현대사상이 근본주의를 거부하는 까닭은, 근본주의가 박애주의를 상실했다고 판단하기 때문이다.

"2장 예정된 실패에 대한 반론"에서 저자는 근본주의의 성경적 인간관이 사회적으로 아무런 영향력을 행사하지 못한다는 국외자의 주장에는 동의하지 않지만, 근본주의자가 이 비판이 근거없는 비난에 불과하다는 것을 입증할 만한 신학적 전망이나 실천역량도 갖추지 못한 현실을 지적한다. 계시와 구속에 대한 정통적 입장을 고수함에도 복음이 사회에 전혀 적극적인 영향을 미치지 못하고 있는 현실 때문에 저자와 같은 복음주의자들은 양심의 불편을 느끼고 있다는 것이다.

저자가 현대 근본주의의 '불편한 양심'이라고 부르는 사태는 세속적인 지성인들이 전지구적인 딜레마와 씨름하고 있는 반면, 현대적 근본주의자, 즉 복음주의자가 서양문화의 병폐를 해소할 대안들을 제시하고 있지 못하는 현실에 대하여 느끼는 당혹과 불안을 가리킨다. 저자가 보기에 대부분 전천년주의와 무천년주의를 신봉하는 근본주의자들이 사회참여와 문화변혁에 소극적인 이유는 두 가지다. 첫째, 근본주의자들은 성경은 전세계가 회심할 것이라는 소망을 제시하지 않는다고 믿으며, 둘째, 그들은 그리스도의 재림이 하나님 나라의 결정적 도래시점이라고 믿기 때문이다. 그 결과 근본주의는 세계사의 진행과정에 대한 절망적 비관론을 품은 채 현대 세계의 위기를 해소하는 데 기여할 복음주의의 적실성을 잃어버리고 말았다. 그래서 각성된 근본주의자들인 복음주의자들은 공공연한 악에 대한 해답을 찾으며 현재의 사회 개혁가들의 노력을 비판하거나, 아니면 자신들이 지지할 수 없는 이데올로기를 가진 이들과 협력할 수밖에 없는 불편한 양자택일 앞에 놓여 있다.

"3장 사회 개혁 운동과 결별한 복음주의"에서 저자는 "복음주의 기독교가 위대한 사회 개혁 운동과 이렇게 오랫동안 결별한 것은 기독교 역사상 처음 있는 일이다"라고 말하며 20세기 초중반 미국교계의 자폐적 세상도피를 비판하고 있다. 역사적으로 히브리-기독교적 사상은 항상 당대의 지배적인 문화에 역동적으로 도전하며, 용인된 사회악에 구속의 능력으로 비판을 가한다. 성경적 초자연주의라는 세계관의 지원을 받은 히브리-기독교적 관점에 내재하는 신학-윤리적인 메시지는, 복음의 원리대로 작동하지 않는 세상을 향해 변혁적 공격을 감행한다. 대표적으로 구약의 십계명은 해체될 염려가 없는 사회를 세울 유일하고도 확실한 기초가 무엇인지 보여 준다. 구약에서든 신약에서든 기독교의 핵심교리는 강한 사회윤리적 함의를 천명하고, 세속적인 사회에 대하여 도전적이고 변혁추구적인 힘을 내뿜을 수밖에 없다. 신약 성경이 그리스-로마 문화에 도전한 것도 히브리-기독교적 기상의 필연적 결과였다. 세례 요한은 모세, 이사야, 아모스의 전통을 이어받아 사회의 불의를 꾸짖었다. 예수님은 국가나 전인으로서의 인간에 무관심하시지 않았다. 하나님에 의한 죄사함은 정치, 경제, 학문 등 세계의 모든 문제에 대한 유일하고도 적합한 해결책이다. 바울도 온 세상을 예수의 발아래 엎드리게 하려는 영적인 열정으로 불타올랐다. 초대교회의 그리스도인들은 세상을 '뒤엎으려' 한다고 의심받는 것에 대해 당혹스러워하지 않았다. 초기 교부들은 우상숭배와 사치, 성적 방종, 외설적 연극, 잔혹한 검투사 경기, 영아살해 및 낙태, 상거래 사기 등 모든 이교적 열등 윤리를 공격했다. 스위스 종교개혁가 츠빙글리는 중생이 시민으로서의 삶과 도덕에 대해 어떤 의미를 갖는지를 더욱 분명히 했으며, 프랑스의 칼뱅은 예수 그리스도 안에 있는 하나님의 개인 구원이 사회적으로 어떤 의미가 있는지도 분명히 가르쳤다.

오늘날 개신교 근본주의는 성경적이며 종교개혁적인 초자연적 복음이라는 전통을 이어받고 있는 것처럼 보이지만, 실제로는 신학의 선조들이 보여 준 사회에 대한 적극적인 관심을 잃어버리고 말았다. 오늘날 그리스도인이 짊어져야 할 사회적 책무는 그것을 비기독교적인 관점에서 이해하는 이들의 손에 넘어가고 말았다. 전지구적 악을 공격하는 일은 복음주의 세계-인생관과 일치할 뿐 아니라 그로부터 요청되는 사명임을 새롭게 인식해야 한다.

"4장 하나님 나라 선포에 대한 우려"에서 저자는 무천년주의자들과 전천년주의자들이 그리스도의 재림에 대한 강한 열망을 견지하는 대신 사회변혁에 참여하지 않는 사태를 비판한다. 이 두 집단은 교회에 대한 그리스도의 실질적인 영적 통치를 강조하며 지상이든 천상이든 하나님 나라는 기드온의 번뜩이는 검이 아니라 그리스도의 재림으로 세워질 것이라는 데 의견을 같이한다. 저자는 대체로 전천년주의를 지지하고 있지만 현대 지성에 맞서 복음주의자들이 종말론적인 작은 차이들을 넘어 크게 일치를 이루어야 한다고 주장하고 있다. 저자 칼 헨리는 예수님의 중심 메시지인 하나님 나라는 현재의 왕국이면서도 동시에 미래의 왕국이라는 절충적인 입장을 옹호한다. 하나님 나라 교리의 바른 토대는 그 나라가 이미 이곳에 임한 동시에 아직 여기에 있지 않다고 하신 예수님의 말씀이다. 하나님 나라에 대한 사도들의 가르침도 예수의 가르침과 마찬가지로 현재적 측면(롬 14:17; 고전 4:20; 골 1:13; 히 12:28; 계 1:9)과 미래적 측면(고전 15:24, 50; 딤후 4:1)을 동시에 강조한다.

"5장 십자가에 달린 근본주의자라는 강도"에서 저자는 전천년주의적인 종말론을 가진 근본주의자를 십자가에 달린 오른편 강도에 비유한다. 오른편 강도는 예수님이 구원자이심을 확신하지만 막연한 미래에 자신을 구원해 주실 것만을 기대했다. 하지만 예수님은 그에게 당장 "오늘 네가 나와 함께 낙원에 있으리라"라고 말함으로써 현재적 구원을 약속하셨다. 저자는 현대 근본주의가 예수님의 대답 중 "오늘"이라는 말을 명심해야 한다고 말한다. 타락한 현대 문명을 위한 이 메시지는 '현재시제' 즉 '당장' 선포해야 한다는 것이다. 각성된 근본주의자들, 즉 복음주의자들은 성경적 초자연주의라는 핵심교리가 히브리-기독교 메시지의 핵심임을 믿되 현세적인 초점에 맞추어 그 구속의 메시지를 전하는 일에 투신해야 한다고 말한다. 그리스도가 이 땅에 다시 오심을 확신한다고 해서 '오늘' '여기서' 감당해야 할 복음전도의 사명과 그것에 뒷받침된 사회변혁적 노력을 포기해서는 안 된다는 것이다. "우리는 오늘 여기에 있고, 전세계의 선교지가 우리와 함께 여기에 있다."

"6장 새로운 세계 지성을 위한 노력"에서 저자는 역사적 기독교가 다시 한 번 세계를 이끄는 중요한 사상으로 역할을 다하고자 한다면, 복음주의는 국내는 물론 국제적으로도 정치, 경제, 사회, 교육 영역에서 인정받을 수 있어야 한다고 말한다. 왜냐하면 구속의 메시지는 삶의 모든 부분에 영향을 미치기 때문이다. 거듭나지 않은 이들까지도 기독교의 기준에 따라 움직이고 그 영향력을 인정할 수 있도록 그리스도인의 삶은 거듭난 이들의 모든 활동 영역 속에서 구현되어야 한다는 것이다. 공산주의나 민주주의 둘 다 기독교 문화와 동일시할 수 없다. 지칠 대로 지친 세상 문화가 그토록 절실하게 필요로 하는 것도 기독교가 가진 구속의 메시지다. 복음주의는 이제 구속론에 입각하여 세상의 문제에 대해 발언해야 한다. 그러나 복음주의의 이상에 미치지 못하는 열등한 개혁을 위해 노력하는 세상 사람들은 복음주의자들이 구속의 메시지보다는 정의의 편에 서기를 기대한다. 복음주의는 어떤 태도를 취해야 하는 것일까?

"7장 복음주의적 '항의의 형식'"에서 저자는 복음주의자들이 종말론적으로 완성될 하나님 나라가 현 세계를 위한 잠정적인 사회제도나 체제와 동일시될 수 없다는 점을 분명히 밝히면서도 열등한 개혁을 위해 노력하는 자들과 조건적으로 동역할 수 있다고 본다. 다만 전지구적 문제를 해결하려고 노력하는 기독교적인 사회개선 프로그램은 모든 것을 포괄하는 구속론 위에 기초를 쌓아야 한다는 점을 강조한다. 그러면서도 복음주의자는 세상의 악에 단호하게 반대하기 때문에 모든 가치 있는 사회 개혁 운동에 '협력'해야 할 뿐만 아니라 그들에게 바른 지도력을 제공할 수 있어야 한다. 복음주의자는 모든 사회악을 절대적으로 비판하는 동시에 유일한 지속적 해결책은 구속론의 토대 위에서만 발견할 수 있다고 주장해야 한다. 복음주의자는 침략전쟁과 정치적 자연주의, 인종적 편견, 금주법을 비웃는 주류 유통, 노사 불평등 등 사회악에 맞서 싸우는 일에 인본주의자나 자유주의자들보다 더 적극적으로 임해야 한다. 복음주의자는 자신이 살고 있는 문화가 사실상 기독교적이지 않기 때문에 그만큼 사회 개혁을 위해서 비복음주의자들과도 협력할 수밖에 없는 처지에 몰려 있기 때문이다.

"8장 새로운 종교개혁의 여명"에서 저자는 오늘날 세계 도처에서 들려오는 고통당하는 인류의 울부짖는 소리에 기독교회가 응답해야 한다고 주장한다. 복음주의자는 자신이 제안하는 종교적인 해결책이 현대인의 정치, 경제, 사회적 맥락에 대해 어떤 의미를 갖는지 증거할 수 있도록 준비를 갖추어야만 한다. 물론 복음주의 최고의 목적은 죄인인 인류에게 구속의 은혜를 선포하는 것이다. 정치, 경제 또는 사회 모든 문제에 대한 유일하고 참된 해답은 하나님이 자신을 속이는 죄인된 "개인"을 뒤엎으시는 데 있다. 구속의 복음은 지친 현대 사회에 가장 적합한 메시지다. 하지만 그렇다고 상대적으로 더 나은 선을 이루기 위해 다른 이들과 협력할 수 없다는 말은 아니다. 하나님이 거듭난 이들에게 초자연적 중생의 은총을 주신다고 말한다고 해서 그분이 거듭난 이들과 그렇지 못한 이들에게 동일하게 베푸시는 일반은총을 부인하는 것은 아니다. 마찬가지로 교회는 구속의 메시지를 소홀히 하지 않으면서도 그 메시지로 거듭난 신자들만이 아니라 불신자들에게까지 영향을 미칠 수 있다.

저자 칼 헨리는 마지막 장의 결미에서 복음전도를 사회 개선을 위한 참여보다 우위에 놓는 듯한 말을 덧붙임으로써 참 복음주의자의 면모를 견지한다. "복음주의자의 책무는 무엇보다 초자연적인 하나님의 은총으로 개개인이 거듭날 수 있도록 복음을 선포하는 것이다. 하나님의 구속은 역사 안에서 성령의 거듭나게 하시는 사역을 통해 국내외의 경계를 초월하는 하나의 거룩한 사회를 만들어 낸다. 신자들은 성결한 삶과 공동체적 증언을 통해 모든 영역에서 악을 초월하는 하나님의 능력을 이 세상에 드러내 보여 주어야 한다. 복음주의자는 자신이 믿는 메시지가 절대적이라고 확신한다. 그러므로 사회악을 공격하면서도 이 메시지를 선포하지 않는다면 그것은 완전히 모순일 뿐이다."

'불편한 양심'을 지닌 복음주의자가 기독교 르네상스를 주도

칼 헨리는 이 책에서 복음주의자들이 성취해야 할 네 가지 목표를 제시하고 있다. 첫째, 성경적인 유신론, 즉 히브리-기독교적 사상이 지닌 철학적 함축을 명료화하여 현대의 여러 문제들에 대한 성경적 대안을 제시해야 한다. 둘째, 정당한 사회윤리를 개발하여 사회악을 해소하고 복음적 질서를 구축하는 일에 투신해야 한다. 셋째, 전천년주의적 역사 비관주의에 지나치게 집착하지 말고 하나님 나라의 관념론을 잘

견지하는 가운데 역사변혁적 노력을 경주해야 한다. 넷째, 종말론과 하나님 나라의 도래에 관한 소소한 차이에도 불구하고 복음주의자들은 대국적 일치와 연대를 통하여 세속적 지성들이 내세우는 사회개선 프로그램을 대체할 구속론적 사회개혁 운동을 전개하는 데 함께 투신해야 한다.

이 책은 이제껏 누적된 근본주의의 분리주의적인 신앙 양태에 대한 진지한 자기비판과, 세속적 지성과 기독교 자유주의자들이 제시한 미흡한 사회 개혁 프로그램들을 능가하는 대안이나 사회악 해소방안을 제시할 수 있다고 믿는 복음주의자의 확신과 열망을 잘 조화시키고 있다. 저자는 문화적 차원에서 능동적으로 세상에 참여하는 복음주의를 만들어 가는 일이 가능할 뿐 아니라, 현대의 여러 세속적 사상들과 비복음적 신학사조들이 인간 영혼의 가장 근원적인 물음에 만족스러운 대답을 주지 못하고 있는 상황에서 오직 성경의 권위에 견고하게 뿌리내린 세계관, 즉 복음주의가 절실히 필요하다고 주장한다. 이 책을 다 읽고 나면 독자들은, 성경의 진리가 현대 세계가 제기한 다양한 문제들을 해결할 수 있는 유일한 관점이라고 주장하면서도 현대 지성에 맞서 중요한 세계문제들을 해결하는 데 성경의 진리를 효과적으로 적용하지 못한 허물을 심각하게 반성하는 이 복음주의자의 '불편한 양심'에 공감하게 될 것이다. 저자는 바로 이 불편한 양심이야말로 참된 기독교 신앙의 르네상스를 일으킬 수 있다고 믿는다.

역사적으로 보면 대다수의 한국교회는 19세기 중반에 형성되고 1947년 이전까지 미국 개신교를 지배하던 근본주의 신앙 위에 바탕을 두고 있다. 그 결과 한국교회는 개인 영혼 구원, 개인 전도, 교회 성장 등에는 혼신의 힘을 쏟았으나, 구원받은 신자들이 정작 '이 세상살이'를 어떻게 기독교적으로 감당할 것인가에 대해서는 열심히 가르치지 못했다. 다행히 1990년대부터 한국교회는 복음주의자들의 불편한 양심에서 터져나온 탄식들을 듣기 시작했다. 이 때를 기점으로 기독교윤리실천운동, 경실련, 복음과상황, 공의정치포럼, 성경적토지정의운동, 희년운동, 누가선교회, 사회선교를 지향하는 성서한국운동 등 복음주의 기독청년들의 문화변혁적 활동이 일어나기 시작했다. 하지만 안타깝게도 대다수 한국교회의 흐름은 아직도 근본주의적 자폐성에서 벗어나지 못하고 있다.

이런 상황에서 「복음주의자의 불편한 양심」은 아주 신선한 깨우침과 은혜로운 도전을 불러일으킬 것이다. 우리는 기독교회의 지도자들이 가장 먼저 이 책을 읽고 각성된 근본주의자들, 즉 참된 복음주의의 정체성을 회복하기를 기대한다. 둘째, 선교단체 간사들이나 각 교회의 청년대학부 지도 교역자들이 이 책을 읽어 청년들에게 세상을 이기고 극복하는 공세적인 기독교 신앙을 고취하는 데 앞장서 주기를 기대한다. 마지막으로, 기독교시민운동에 참여하는 모든 형제자매님들이 이 책을 읽고 크게 격려받고 더욱 더 충성스럽게 일할 수 있기를 기대한다.

    우리는 하나님께 구원받지만 구원받은 즉시 바로 천국으로 순간이동하지 않는다. 불 섞인 유리바다 같은 세상에서 오랫동안 기독교 신앙의 원리대로 살아야 한다. 칼 헨리는 기독교 신앙양심으로 살아갈 수 있는 세상을 만드는 일에, 기독교 신앙과 어느 정도 공명하는 문화를 건설하는 일에 구원받은 신자들을 초청하고 있다. 개인의 인격도 그리스도를 닮아야 하지만 사회제도와 체제도 하나님의 성품을 반영하도록 고쳐야 한다는 것이 개혁교회 신앙의 대원칙이자 하나님의 만유주권론의 핵심이다. 개혁교회가 외쳤던 만인제사장설이라는 신앙은 모든 세상 직장을 그리스도의 통치를 구현하는 선교영역으로 삼고 평신도 그리스도인이 바로 그 직장의 제사장이라는 마음으로 이 세상을 돌보고 거룩하게 감시하자는 말이 아닌가? 문화변혁적이고 세상참여적인 기독교회만이 개인의 신앙도 잘 지켜줄 수 있다. 개인 전도, 양육, 구령 열정, 해외선교에 충성스러운 한국대학생 선교단체들은 아울러 구원받은 신자가 살아가야 하는 이 세상의 작동원리, 세상의 핵심세력, 세상 내에 활동하는 반하나님적 세력들의 동선도 또한 자세히 가르쳐야 하지 않을까? 「복음주의자의 불편한 양심」은 바로 이런 교육적 필요를 능히 충족시키는 교과서로 손색이 없다.

저자 연보

1913 뉴욕 맨해튼에서 독일 이민 가정의 아들로 태어나다.
1929 고등학교 졸업 후 "프레스"신문사의 견습기자로 일하다.
1932 19세의 나이로 "스미스타운 스타" 주간 신문사의 편집장이 되다.
1933 평생의 영적인 어머니, 밀드레드 크리스티 부인을 통해 마침내 회심하다. 휘튼 대학에 입학하다.
1935 급성맹장염에 걸렸으나 하나님의 치유하는 능력을 체험하다.
1940 아내 헬가 벤더를 만나 결혼하다.
1938 우등으로 휘튼 대학을 졸업하다. 가을 북침례교 신학교 목회학 학사 과정에 입학하다. 2월부터 한 장로교회에서 정기적으로 설교를 하게 되다.
1940 어머니가 돌아가시다.
1940-1947 북침례교 신학교에서 신학과 종교철학을 가르치다.
1941 신학교에서 목회학 학사 학위를 받고, 휘튼 대학에서 신학 석사 학위를 받다.
1942 북침례교 신학교에서 박사학위를 받다.
1946 크리스티 부인 사망하다.
1947 해롤드 오켄가의 제안으로 새롭게 설립된 초교파 복음주의 신학교인 풀러 신학교 초대 교수를 역임하다. 「복음주의자의 불편한 양심」을 출간하다.
1956 복음주의 잡지 "크리스채너티투데이" 초대 편집장을 역임하다.
1957 「기독교 개인 윤리」를 출간하다.

1969 복음주의 신학협회 의장을 역임하다.
1976-1983 「신, 계시, 권위」를 출간하다.
1977 "타임"지가 미국 복음주의를 대표하는 신학자로 선정하다.
1986 「자서전 : 어느 신학자의 고백」을 출간하다.
2003 90세로 타계하다.

2022년 서문

_러셀 무어

어쩌면 지금 세상에 필요한 것은 죽은 사람의 오래된 책 한 권일지도 모른다. 물론 지금 여러분이 손에 들고 있는 책이 바로 그러한 책인데, 이 책은 제2차 세계대전 이후 미국의 복음주의 운동(노스캐롤라이나주 출신의 전도자 빌리 그레이엄이 대표적이다)이 주류 자유주의의 관료적 이단성과 분리주의적 근본주의의 호전적 분노를 넘어설 준비가 된 것처럼 보였던 격동의 시기에 처음 출판되었다. 신학자 칼 헨리가 쓴 『현대 근본주의의 불편한 양심』(이 책의 원서명을 직역하면 이렇다-역주)이라는 제목의 얇은 책보다 이 의제를 더 명확하게 제시하는 것은 없다. 이는 '베이비부머'가 청년과 미래를 지칭하던 시절에 헨리가 제기한 문제이지만, 지금도 여전히 동시대적이고 절박한 문제인 점이 놀랍다.

이 책에서 구체적으로 언급되지는 않았지만 짐 크로(미국

남부 인종차별법을 통칭하는 짐 크로 법의 짐 크로를 말한다―역주)의 모습은 그 시대의 그림자 속에 그대로 머물러 있었다. 거의 20년 후, 또 다른 기독교 사상가인 워커 퍼시는 이렇게 썼다.

> 오래된 기독교 교회는 어느 정도 진지한 사람, 즉 우리의 가장 뛰어난 젊은이들이 점점 더 머물 수 없는 공간이 되어 가고 있다. 남부 기독교계가 미국인의 삶에서 가장 큰 사회적 이슈와 신학의 관련성을 조만간 입증하지 못한다면, 실제로 이미 어느 정도는 현실이듯이 교회가 보수적인 남부 사업가들의 쾌적한 일요일 별장, 즉 아무도 불쾌하게 여기지 않고 아무도 진지하게 받아들이지 않는 곳이 될 위험이 있다고 해도 지나친 말은 아닐 것이다.[†]

더 넓은 의미에서, 즉 국가적·지리적 측면과 접근 방식의 일반적 측면 모두에서, 헨리는 거의 같은 주장을 하고 있다. 두 경우 모두 교회가 마케팅 전략으로 대중이 관심을 두는 이슈에 '관련성'을 가져야 한다는 주장은 아니었다. 사실, "은혜를 더하게 하려고 [더욱] 죄에 거하[고]"(롬 6:1) 싶어 하는 사람들의 양심을 건드리지 않는 것이 언제나 더 쉬운 사명이었다.

[†] Walker Percy, "The Failure and the Hope", 1965. 이 글은 다음 책에 재출간되었다. *The Failure and the Hope: Essays of Southern Churchmen*, ed. Will D. Campbell and James Y. Holloway (Grand Rapids, MI: Eerdmans, 1972), p. 27.

오히려 과감하게 직시하는 진지한 사람이라면 이런 문제들을 회피하는 기독교 교회들이 '사회적 문제'뿐만 아니라—회개하지 않고 불의를 행하거나 그런 자들에게 박수를 보내는 자들의 예배를 하나님께서 원치 않으신다는—성경 말씀(사 1:10-23; 참고. 약 5:1-10)도 회피하고 있음을 알 수 있었기에 더욱 관련성이 있었다고 할 수 있다. '개인적' 영역의 죄에 대해서는 호통을 치면서 사회적 영역의 죄에 대해서는 그렇지 않은 (심지어 교회 자체의 성경에도 그러한 구분이 없는데) 교회가 아무리 큰 소리로 성경(원본)의 무오성을 선포해도, 어떤 부분은 다른 부분보다 더 권위 있는 것으로 여기면서 정경 속의 정경을 채택한 교회라는 것을 바깥세상은 알 수 있었다. 다시 말해, 소위 근본주의자들도 자유주의자들만큼이나 신학적으로 자유주의적이었는데, 그 이유는 성경을 자신의 사회적·정치적 입장에 맞추어 변형했기 때문이다. 좀 더 현대적인 용어를 사용하자면, 공화당 우세 지역이나 민주당 우세 지역에서 각각 이러한 일들을 행하는 방식은 그리스도의 심판대에서는 물론이고, 하나님의 말씀이 과연 존재하는지나 부흥회에서 사람들이 "성경은…라고 말합니다"라고 말할 때 정말 그것을 믿었는지 궁금해하는 세상의 눈에는 별다른 의미를 지니지 못할 것이다.

헨리에게 문제는 단순한 적용의 문제가 아니라 성경 전체의 본질적 의미를 규정하는 통일된 주제인 예수 그리스도 안에 있는 하나님 나라를 따르지 않는다는 것이었다. 사회적 복음을 말하는 자유주의는 핵에너지와 경제 부양 프로그램에 관한 정책 논문을 쏟아 내면서 하나님 나라를 정치 프로그램으로 대체했고, 개인이 거듭나야 할 필요성을 강조하지 않았다. 그러나 다른 극단에서는 소위 근본주의자들이 사회적 복음에 과도하게 반응하여 하나님 나라가 마치 전적으로 미래인 것처럼 말한다고 헨리는 경고했다. 이 그리스도인들은 교회의 사명을 단순히 '영적'인 것으로 받아들였고, '영적'인 것을 전도와 개인 도덕으로 정의했다. 이들은 이웃을 내 몸과 같이 사랑하라는 예수님의 명령을 따르지 않고도 예수님을 구원자로 영접할 수 있는 것처럼 행동했다. 그래서 이러한 그리스도인 중 일부는 해외의 공산주의를 반대하거나 공립학교에서 기도하는 것을 지지하는 등 일부 사회적 이슈에 대해서는 큰 목소리를 내면서도 다른 이슈가 기존의 정치적·경제적·문화적 이해관계에 맞지 않으면 '정치적'이며 '복음에서 벗어난 것'이라고 비난할 수 있었다. 그리고 그때나 지금이나 그들에게 '방해'가 되는 이슈의 대부분은 인종에 관한 것이었다.

위험한 것은 이런 종류의 잘게 조각난 하나님의 나라 신학이 외부 사람들에게 상처를 줄 뿐만 아니라(확실히 그렇게 했지만) 그러한 말을 하는 그리스도인 자신에게 영적·도덕적 상처를 줄 수 있다는 점이었다. 결국, 개인의 칭의와 속죄를 다루는 구절에만 집중하고 선지자와 예수님, 심지어 바울과 야고보의 일부 가르침을 현재의 교회와 관련이 없는 과거 또는 미래의 이스라엘로 치부한다면 그러한 문제에 대한 성경 말씀을 무시할 수 있다. 그러나 헨리가 "하나님이 인간과 국가를 판단하는 기준"이라고 부른 양심에 즐겨찾기 표시를 하는 것(putting thumb tabs)은 불가능하다. 양심은 (양심이 반영하고 있는) 성경과 마찬가지로 공의와 칭의의 하나님을 가리킨다. 헨리는 양심에 불을 지피기보다는 복음에 입각한 그리스도인들이 그들이 이미 말하고 있는 바, 곧 "모든 성경은 하나님의 감동으로 된 것으로…유익하[다]"(딤후 3:16)라는 말씀에 귀를 기울일 것을 제안한다. 그러기 위해서는 그리스도인들이 우주와 사람, 공동체와 개인, 육체와 영혼, 믿음과 순종, 마음과 양심, 하나님 사랑과 이웃 사랑에 대해 모두 말하는 나라를 추구해야 할 것이다.

이 책에서 제기한 문제들이 그저 과거의 일이라면 좋았을 것이다. 많은 사람은 거의 모든 신학적·정치적·이념적 스펙트럼에서 '우파'에 속했던 헨리를 "마르크스주의자"이자 "사회적 복음"에 손을 댄 사람이라고 불렀다(비록 그가 사회적 복음을 가장 신학적으로 상세히 비판했음에도 말이다). 이는 놀라운 일이 아니다. 다른 많은 노예제 폐지론자가 유니테리언이나 자유주의자였기 때문에, (성경을 근거로) 인간을 납치하여 재산 가치가 있는 노예로 삼고 폭력과 강간을 강요하는 것은 악이라고 말한 사람들을 "유니테리언"과 "자유주의자"로 분류한 것과 같은 세력이다. 그리고 오늘날 다가오는 심판의 날이 불의의 문제(예를 들어, 창세기부터 갈라디아서까지 그리고 그 이후에 이르기까지 모든 곳에서 비판하는 백인 우월주의)에 적용된다고 제안하는 사람들은 "자유주의자" 또는 "문화적 마르크스주의자"라고 불릴 것이며, 그들이 실제로 다루고 있는 내용(예. 엡 3장 또는 계 5장)보다는 포스트모던 비판 이론이나 무서운 이념의 영향을 받은 것이라고 제안할 것이다.

여기가 바로 '불편한 양심'이 흔들리는 지점일 것이다. 헨리는 어떤 반론을 제기하든 일종의 합리주의자였고, 주된 문제는 인지적 문제라고 생각했다. 그는 사람들이 하나님 나라에 대해 잘못된 생각을 하고 있으며, 이것이 위축된 형태의 사회 참여로 이어진다고 가정했다. 시간이 지남에 따라 나는 1840년대의 노예제도에 대한 소름 끼치는 옹호, 1920년대의 인간 린치에 대한 파동, 1960년대의 인종 차별에 대한 '성경적 지지', 또는 최근의 사례 등 흐름이 그 반대 방향으로 작동한다고 믿게 되었다. 대신 사회적 이슈가 우세하고 신학은 이를 뒷받침하는 역할을 하는데, 아이러니하게도 대개 "사회적 복음"을 믿는다고 다른 사람들을 비난하는 사람들에게서 이런 현상이 두드러진다.

그러나 헨리는 어느 정도는 이것이 사실이라는 것을 알고 있는 듯하다. 마크 놀이 이런 표현으로 유명해지기 수십 년 전에 헨리는 "복음주의 마음의 스캔들"(scandal of the evangelical mind: 놀의 한국어판 도서명은 『복음주의 지성의 스캔들』로 번역되었다-역주)이 있다는 것을 알고 있었다. 그러나 그의 가장 중요하고 예언적인 이 책에서 헨리는 마음뿐 아니라 양심에 대해서도 언급한다. 그리고 그는 예수님이 갈릴리 호숫가에서 "때가 찼고 하나님의 나라가 가까이 왔으니 회개하고 복음을 믿으라"(막 1:15)고 하신 바로 그 말씀으로 그렇게 한다. 이 말씀은 모든 장소와 모든 시간에 교회가 들어야 할 말씀이다. 세대마다 우리는 양심이 하나님의 말씀에서 회피하고 싶은 부분을 어떻게 회피할 수 있는지를 상기해야 한다. 지금 우리는 그 어느 때보다 그런 알림이 필요하다. 결국 복음주의 양심은 오랜 세월이 지난 지금도 여전히 불편하다.

옮긴이 박세혁은 서울대학교 서양사학과를 졸업했다. 연세대학교대학원에서 신학을 공부했으며(Th.M.), 지금은 미국 에모리대학교에서 M.Div. 과정 중에 있다. 역서로는 「오두막에서 만난 하나님」(살림), 「분별의 기술」(사랑플러스) 등이 있다.

복음주의자의 불편한 양심

초판 발행_ 2009년 12월 14일
개정판 발행_ 2024년 2월 5일

지은이_ 칼 헨리
옮긴이_ 박세혁
펴낸이_ 정모세

펴낸곳_ 한국기독학생회출판부
등록번호_ 제2001-000198호(1978.6.1)
주소_ 04031 서울시 마포구 동교로 156-10
대표 전화_ (02)337-2257 팩스_ (02)337-2258
영업 전화_ (02)338-2282 팩스_ 080-915-1515
홈페이지_ http://www.ivp.co.kr 이메일_ ivp@ivp.co.kr
ISBN 978-89-328-2233-4

ⓒ 한국기독학생회출판부 2009, 2024

책값은 뒤표지에 있습니다.
무단 전재와 복제를 금합니다.